독자의 1초를
아껴주는 정성을
만나보세요!

세상이 아무리 바쁘게 돌아가더라도 책까지 아무렇게나 빨리 만들 수는 없습니다.

인스턴트 식품 같은 책보다 오래 익힌 술이나 장맛이 밴 책을 만들고 싶습니다.

땀 흘리며 일하는 당신을 위해 한 권 한 권 마음을 다해 만들겠습니다.

마지막 페이지에서 만날 새로운 당신을 위해 더 나은 길을 준비하겠습니다.

길벗 IT 도서 열람 서비스

도서 일부 또는 전체 콘텐츠를 확인하고 읽어볼 수 있습니다.
길벗만의 차별화된 독자 서비스를 만나보세요.

더북(TheBook) ▶ https://thebook.io

더북은 (주)도서출판 길벗에서 제공하는 IT 도서 열람 서비스입니다.

모두의 네트워크 기초

Network for everyone

초판 발행 · 2024년 01월 30일

지은이 · 서지영
발행인 · 이종원
발행처 · (주)도서출판 길벗
출판사 등록일 · 1990년 12월 24일
주소 · 서울시 마포구 월드컵로 10길 56(서교동)
대표 전화 · 02)332-0931 | **팩스** · 02)323-0586
홈페이지 · www.gilbut.co.kr | **이메일** · gilbut@gilbut.co.kr

기획 및 책임편집 · 안윤경(yk78@gilbut.co.kr) | **디자인** · 책돼지 | **제작** · 이준호, 손일순, 이진혁, 김우식
마케팅 · 임태호, 전선하, 차명환, 박민영, 지운집, 박성용 | **영업관리** · 김명자 | **독자지원** · 윤정아, 전희수

교정교열 · 강민철 | **전산편집** · 책돼지 | **출력 및 인쇄** · 정민 | **제본** · 경문제책

ISBN 979-11-407-0721-8　93000
(길벗 도서번호 080380)

정가 24,000원

즐거운
프로그래밍
경　　　험

모두의

네트워크 기초

10일만에 배우는 네트워크

서지영 지음

길벗

네트워크에 대한 지식이 없는 사람부터 복습이 필요한 현업 개발자에게도 좋은 책이라고 생각됩니다. 막연한 설명보다 그림을 많이 넣은 구성으로 머릿속에 이미지를 떠올릴 수 있게 만들어 주는 것이 굉장히 좋은 점이라고 생각되고, 하나의 장이 끝날 때마다 간단한 퀴즈와 복습을 통해 용어 정리와 암기에 도움을 받을 수 있습니다. 어떠한 지식을 습득할 때 어느 정도의 암기는 항상 필요하기 마련인데, 용어 위주로 복습하여 오래도록 기억에 남을 수 있게 해줍니다. 또한, 각 장의 내용이 길지 않아 하나의 장을 한 번에 읽으며 네트워크 지식을 격파해 나가게 되므로 뿌듯함을 느낄 수 있습니다. 특히 8장 같이 예시를 통해 OSI 7 계층의 흐름을 이해시켜주는 부분이 좋았습니다.

권승철 | 소프트웨어 개발자

웹 브라우저를 열고 우리가 원하는 페이지의 내용을 보기까지 얼마나 많은 일이 일어나고 있을까요? 인터넷이라는 거대한 연결망의 기반이 되는 네트워크에 대한 기초 지식이 이 한 권의 책에 담겨 있습니다. 이 책에서는 네트워크의 기본이라 할 수 있는 OSI 7 계층과 TCP/IP 개념에 대해 이해하기 쉽게 설명하고 있습니다. 네트워크라는 세계에 입문하려는 사람이 네트워크가 어떻게 구성되는지에 대한 개념을 잡는 데 있어 도움이 될 만한 책입니다.

윤병조 | 소프트웨어 개발자

네트워크 책은 딱딱하고 어려울 것만 같다는 생각을 하기 쉬운데, 이 책은 OSI 7 계층의 각 계층별로 반드시 알아야 하는 요소들을 그림을 이용해 쉽게 설명합니다. 그리고 각 계층별로 학습한 내용이 유기적으로 연결될 수 있도록 웹 브라우저에서 google.com을 입력했을 때 어떤 일이 일어나는지를 설명하는 것이 인상적입니다. 이런 점이 이론을 넘어 실제 네트워크 작동 원리를 이해하는 데 큰 도움이 되었습니다. 네트워크 전반에 대해 큰 그림을 그려보고 싶은 분들께 추천합니다.

홍수영 | LINE+ Software Engineer

예전에 〈모두의 네트워크〉를 본 적이 있는데, 그보다 조금 더 쉬운 책인 것 같습니다. 가독성도 훨씬 좋고, 각 장마다 용어 정리와 복습할 수 있는 퀴즈도 들어 있어 내용을 복습하기에 아주 좋았습니다. 네트워크에서 반드시 알아야 하는 기초 상식인 프로토콜, OSI 7 계층, 물리 장비, 무선 통신 등 다양한 내용을 정말 쉽고 자세하게 전달하고 있습니다. 중간중간 표와 그림을 이용해서 설명해주기 때문에 이 책은 네트워크를 처음 배우는 독자들에게 매우 유용한 책이 될 것 같습니다. 네트워크가 어렵다면 이 책을 2~3번 정도 읽어보면서 용어부터 먼저 학습하시는 걸 추천합니다!

이장훈 | DevOps 엔지니어

이 책은 IT 엔지니어 및 개발 분야에서 경력을 시작하거나 전문적으로 성장하려는 분들에게 꼭 필요한 네트워크 지식을 제공합니다. 클라우드 환경으로의 전환과 함께 애플리케이션 배포는 네트워크 지식을 한층 더 중요하게 만들었습니다. 이는 애플리케이션 환경의 설계와 운영에 있어 핵심적인 역할을 하며, 애플리케이션 가용성을 확보하고 장애를 신속하게 진단하는 데 도움이 됩니다. 이 책은 그림과 함께 네트워크 개념을 자세하게 설명하며, 복잡한 주제를 이해하기 쉽게 전달합니다. 네트워크에 대한 어떠한 경험이 없는 분들에게도 접근하기 쉽고 유용합니다. 네트워크 기초를 학습하고자 하는 모든 분에게 이 책을 추천합니다.

최치영 | 클라우드 엔지니어

'네트워크'라고 했을 때 떠올리는 영역을 모두 상세하게 설명해주는 책입니다. 컴퓨터 공학 전공자라도 네트워크 수업을 여러 개 듣거나 넓은 범위를 다루는 수업을 듣기가 어려운데, 이 책 하나로 네트워크 개론을 끝낼 수 있는 수준이어서 매우 추천합니다. 애플리케이션 개발, 정보 처리기사나 네트워크 관련 자격증 취득, 프로그램 개발 기획에도 모두 도움이 될 만한 내용으로 가득 차 있습니다. 네크워크를 언급할 때 한 번 쯤은 들어봤을 법한 OSI 7 계층부터, 데이터 통신의 단위, 하드웨어인 스위치/라우터, 무선 통신까지 배웁니다. 각 장이 끝나면 주어지는 복습 문제까지 친절하게 제공되는데, 꼭 풀어보는 것이 좋습니다. 실무에서 개발을 하다 보면 네트워크에 대한 지식이 아쉬울 때가 많은데, 이 책이 서재에 꽂혀 있으면 언제나 든든한 마음으로 네트워크를 마주하지 않을까 싶습니다.

이정훈 | 금융앱 디지털 기획(시중은행 디지털부서)

지은이
머리말

이 책은 네트워크를 처음 배우고자 하는 분들을 위한 책입니다. 물론 개발자나 데이터 사이언티스트로 일하고 있다면 네트워크를 배울 필요를 느끼지 않을 수도 있습니다. 하지만 우리가 대부분의 업무를 인터넷이라는 환경에서 하고 있다는 것을 생각하면 네트워크는 모든 업무의 기본이라 할 수 있습니다.

네트워크는 일반인이 접근하기 쉬운 분야가 아닙니다. 내가 보낸 이메일이 어떻게 상대방에게 보내지는지 눈으로 확인할 수 없을 뿐만 아니라, 네트워크에서 사용되는 용어들도 어렵기 때문입니다. 하지만 이 책을 활용한다면 네트워크를 쉽게 학습할 수 있습니다. 따라서 다음 독자들이 보면 좋습니다.

· 네트워크를 처음 배우고자 하는 학생
· IT 분야에서 업무를 담당하고 있는 개발자 혹은 시스템/솔루션 운영자
· 네트워크 분야에서 일하고자 하는 사람

네트워크는 IT의 기본 중 기본이기 때문에 이번 기회에 명확한 개념을 이해하고 넘어간다면 자신의 분야에서 좀 더 깊이 있는 이해를 할 수 있을 것입니다.

마지막으로 독자들이 이 책을 쉽게 학습할 수 있도록 도와 주신 안윤경 팀장님과, 집필에만 전념할 수 있도록 도와 주셨던 어머니, 아버지께도 감사의 인사를 전합니다.

서지영

이 책은 네트워크를 모르는 입문자가 주요 독자라고 가정하고, 크게 [준비편: 네트워크 기초 지식 익히기] → [초급편: 네트워크 구조 이해하기] → [중급편: 무선 랜 구조 이해하기]로 구성했습니다.

[준비편: 네트워크 기초 지식 익히기]

1장 네트워크 첫걸음 (LESSON 1-4)	네트워크를 처음 배우는 초급자가 꼭 알아야 할 네트워크 기초 지식을 다룹니다. **키워드** • 네트워크　• 랜(LAN)　• 왠(WAN)　• 허브　• 스위치　• 비트

2장 네트워크 통신을 위한 약속 (LESSON 5-9)	네트워크를 이용하는 데 가장 기본이 되는 약속인 통신 규약에 대해 알아봅니다. **키워드** • 프로토콜　• OSI 7 계층　• TCP/IP 4 계층 • 캡슐화/역캡슐화　• VPN

[초급편: 네트워크 구조 이해하기]

3장 물리 계층, 데이터를 전기 신호로 변환하는 단계 (LESSON 10-12)	OSI 7 계층에서 최하위에 위치한 물리 계층은 컴퓨터들을 물리적으로 연결하거나 데이터를 전기 신호로 변환하고 제어하는 역할을 담당합니다. 3장에서는 데이터가 케이블을 통해 전달되는 방법에 대해 알아봅니다. **키워드** • 물리 계층　• 전기 신호　• 디지털 신호　• 케이블　• 리피터　• 허브

4장 데이터 링크 계층, MAC 주소로 통신하는 단계 (LESSON 13-17)	데이터 링크 계층은 데이터 전송의 신뢰성과 효율성을 담당하는 역할을 합니다. 4장에서는 MAC 주소가 통신에 어떻게 활용되는지에 대해 알아봅니다. **키워드** • 데이터 링크 계층　• 이더넷　• MAC 주소　• 스위치　• 통신 방식

5장 네트워크 계층, 목적지를 찾는 단계 (LESSON 18-24)

네트워크 계층은 송신자의 데이터를 수신자에게 전달하기 위한 경로를 찾아주는 역할을 합니다. 5장에서는 라우터를 이용해서 경로를 어떻게 찾는지에 대해 알아봅니다.

키워드
- 네트워크 계층 · IP 주소 구조 · IP 주소 클래스 · 브로드캐스트
- 서브넷 · 서브넷 마스크

6장 전송 계층, 오류 없이 데이터를 전달하는 단계 (LESSON 25-29)

전송 계층은 신뢰성 있는 통신을 보장하는 역할을 합니다. 따라서 신뢰성을 보장하기 위한 방법과 포트 번호가 통신에 어떻게 이용되는지에 대해 알아봅니다.

키워드
- 전송 계층 · 혼잡 제어 · 흐름 제어 · 오류 제어 · 3방향 핸드셰이크
- TCP 프로토콜 · UDP 프로토콜

7장 응용 계층, 애플리케이션에 접속하는 단계 (LESSON 30-35)

응용 계층은 애플리케이션에서 데이터를 교환하는 역할을 합니다. 7장에서는 프로토콜을 이용한 애플리케이션 통신 방법에 대해 알아봅니다.

키워드
- 응용 계층 · HTTP · DNS · DHCP · SMTP/POP3

8장 예시를 통한 네트워크 흐름 이해하기 (LESSON 36-37)

8장에서는 앞에서 배웠던 OSI 7 계층을 종합적으로 이해하기 위해 송신자가 수신자에게 이메일을 보내는 상황에 대해 알아봅니다.

키워드
- 송신자가 이메일을 보내는 과정 · 스위치와 라우터 관점에서 이메일을 보내는 과정 · 수신자가 이메일을 받는 과정

[중급편: 무선 랜 구조 이해하기]

9장 무선으로 통신하기 (LESSON 38-41)

무선 랜은 케이블 없이 데이터를 전송할 수 있는 역할을 합니다. 9장에서는 전자기파를 이용해서 데이터를 주고받는 방법에 대해 알아봅니다.

키워드
- 무선 랜 · 전자기파 · 무선 액세스 포인트 · 비콘 · SSID
- 인프라스트럭처 방식 · 애드혹 방식 · 무선 랜 규격

목차

베타테스터의 한마디 · 004 | 지은이 머리말 · 006 | 이 책의 구성 · 007

1장 [준비편] 네트워크 기초 지식 익히기
네트워크 첫걸음 015

LESSON 01 네트워크란 무엇일까? 016
네트워크란? ···················· 016
LESSON 02 네트워크는 왜 필요할까? 019
주변 장치 공유 ···················· 019
데이터 공유 ···················· 020
공동 작업 ···················· 021
LESSON 03 네트워크 형태: 랜과 왠 023
랜 ···················· 023
왠 ···················· 026
LESSON 04 네트워크 구성 장치 028
복습하기 **033**
연습 문제 ···················· 033
용어 정리 ···················· 034

2장 [준비편] 네트워크 기초 지식 익히기
네트워크 통신을 위한 약속 035

LESSON 05 네트워크의 규칙, 프로토콜 036
LESSON 06 OSI 7 계층과 TCP/IP 4 계층 039
OSI 7 계층이 등장한 배경 ···················· 040

OSI 7 계층 ···················· 043
TCP/IP 4 계층 ·················· 045
LESSON 07 OSI 7 계층에서의 데이터 표현 **047**
LESSON 08 캡슐화와 역캡슐화 **051**
캡슐화 ·························· 051
역캡슐화 ························ 053
LESSON 09 VPN **055**
복습하기 **058**
연습 문제 ······················ 058
용어 정리 ······················ 059

3장 [초급편] 네트워크 구조 이해하기
물리 계층, 데이터를 전기 신호로 변환하는 단계 061

LESSON 10 물리 계층의 역할 **062**
LESSON 11 케이블의 종류와 구조 **065**
LESSON 12 리피터와 허브가 통신하는 방법 **069**
리피터 ·························· 069
허브 ···························· 070
복습하기 **072**
연습 문제 ······················ 072
용어 정리 ······················ 073

4장 [초급편] 네트워크 구조 이해하기
데이터 링크 계층, MAC 주소로 통신하는 단계 075

LESSON 13 데이터 링크 계층의 역할 **076**
회선 제어 ······················ 076

오류 제어 ································· 077

흐름 제어 ································· 078

LESSON 14 이더넷 **080**

LESSON 15 MAC 주소 **085**

LESSON 16 스위치의 구조 **089**

스위치 구조 ······························· 089

스위치에서 MAC 테이블 관리하기 ························ 090

LESSON 17 전송 방향에 따른 통신 방식 **094**

복습하기 **096**

연습 문제 ································· 096

용어 정리 ································· 097

5장 [초급편] 네트워크 구조 이해하기
네트워크 계층, 목적지를 찾는 단계 **099**

LESSON 18 네트워크 계층의 역할 **100**

LESSON 19 IP 주소란? **102**

LESSON 20 IP 주소의 구조와 클래스 **108**

IP 주소의 구조 ···························· 108

IP 주소의 클래스 ··························· 110

LESSON 21 OSI 7 계층에서의 IP 주소 **113**

LESSON 22 브로드캐스트, 유니캐스트, 멀티캐스트 **115**

브로드캐스트 ····························· 115

유니캐스트 ······························· 116

멀티캐스트 ······························· 116

LESSON 23 서브넷과 서브넷 마스크 **118**

서브넷의 개념 ····························· 118

서브넷팅의 원리 ··························· 119

서브넷 마스크 ·· 121

서브넷팅해보기 ·· 122

LESSON 24 라우터의 동작 방식   **125**

복습하기   **130**

연습 문제 ·· 130

용어 정리 ·· 131

6장

[초급편] 네트워크 구조 이해하기

전송 계층, 오류 없이 데이터를 전달하는 단계   133

LESSON 25 전송 계층의 역할   **134**

혼잡 제어 ·· 134

흐름 제어 ·· 136

오류 제어 ·· 136

LESSON 26 3방향 핸드셰이크   **140**

LESSON 27 TCP의 구조   **143**

포트 번호 ·· 143

일련번호와 확인 응답 번호 ··· 145

윈도우 크기 ·· 148

코드 비트 ·· 150

LESSON 28 UDP의 구조   **152**

LESSON 29 전송 계층에서 사용하는 로드 밸런서   **154**

복습하기   **157**

연습 문제 ·· 157

용어 정리 ·· 158

7장 [초급편] 네트워크 구조 이해하기
응용 계층, 애플리케이션에 접속하는 단계　　159

LESSON 30 응용 계층의 역할　　**160**

LESSON 31 HTTP 프로토콜　　**162**

LESSON 32 DNS 서버　　**168**

LESSON 33 DHCP 서버　　**171**

LESSON 34 SMTP와 POP3 프로토콜　　**176**

송신자와 메일 서버 간의 통신·····························177

메일 서버 간의 통신·····································178

메일 서버와 수신자 간의 통신·····················178

LESSON 35 응용 계층에서 사용하는 로드 밸런서　　**180**

복습하기　　**182**

연습 문제·····································182

용어 정리·····································183

8장 [초급편] 네트워크 구조 이해하기
예시를 통한 네트워크 흐름 이해하기　　185

LESSON 36 웹 사이트에 접속하기 위한 네트워크 흐름　　**186**

LESSON 37 웹 브라우저에서 데이터 검색하기　　**189**

데이터를 보내는 송신자 관점에서 네트워크 이해하기·······189

장비 관점에서의 데이터 흐름 이해하기·····················195

데이터를 받는 수신자 관점에서 네트워크 이해하기·········205

복습하기　　**208**

연습 문제·····································208

용어 정리·····································209

9장 무선으로 통신하기

[중급편] 무선 랜 구조 이해하기

211

LESSON 38　무선 랜의 개념　　　　　212

LESSON 39　무선 랜의 구성 방식　　　215

LESSON 40　무선 랜의 규격　　　　　217

LESSON 41　무선 랜의 통신 방법　　　219

복습하기　　　　　224

연습 문제 ·· 224

용어 정리 ·· 225

찾아보기　　　　　226

1장

[준비편]
네트워크 기초 지식 익히기

네트워크 첫걸음

이 장에서는 네트워크를 처음 배우는 초급자가
꼭 알아야 할 네트워크 기초 지식을 다룹니다.

이 장의 목표

• 네트워크가 무엇인지 이해한다.
• 네트워크의 필요성에 대해 이해한다.
• 랜(LAN)과 왠(WAN)의 의미와 종류에 대해 이해한다.

LESSON 01
네트워크란 무엇일까?

NETWORK FOR EVERYONE

네트워크라는 용어는 우리가 일상생활에서 흔하게 사용하지만 이것이 정확히 무엇을 의미하는지 이해하는 것은 쉽지 않습니다. 아마 데이터가 흘러가는 과정을 눈으로 확인하기 어려워서일 수도 있고, 어쩌면 이해할 필요성을 느끼지 못하기 때문일 수도 있습니다. 이처럼 늘 사용하지만 막상 이해하려면 조금은 모호한 네트워크의 개념에 대해 확실하게 이해하고 넘어가는 시간을 가져보겠습니다.

1 네트워크란?

네트워크란 무엇일까요? **네트워크(Network)는 컴퓨터와 컴퓨터를 연결한 것이라고 이해할 수 있습니다.**

좀 더 구체적으로 이야기하자면 네트워크는 Net와 Work의 합성어입니다. Net는 생선을 잡는 그물망을 의미하고, Work는 말 그대로 일을 의미하는데요. 단어의 의미 그대로라면 결국 네트워크란 사람들끼리 촘촘히 얽혀서 일을 할 수 있는 환경을 말합니다. 사람들이 일하는 도구인 컴퓨터, 프린터와 같은 여러 장치들이 서로 유기적으로 연결되어 있는 환경을 제공하는 것이 네트워크인 것이죠. 정리하면, **네트워크란 각종 통신 장비들이 서로 그물망처럼 연결되어 데이터를 교환하거나 협력하여 일할 수 있게 해주는 통신망입니다.**

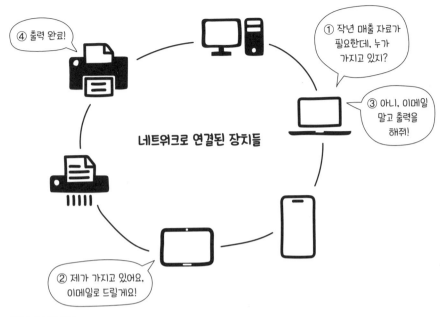

그림 1-1 | 네트워크

이러한 네트워크는 어디에 사용되는 걸까요? 생각해보면 다양한 것들을 떠올릴 수 있습니다.

예를 들어 네이버에서 뉴스를 보거나 구글에서 궁금한 것을 검색하는 행위는 모두 네트워크를 기반으로 합니다.

그림 1-2 | 뉴스를 보거나 단어를 검색할 때 네트워크를 이용

또한, 다음처럼 미영이가 현수에게 이메일을 보낼 때도 네트워크를 이용합니다.

그림 1-3 | 미영이가 현수에게 이메일을 보낼 때도 네트워크를 이용

이처럼 네트워크는 우리가 알게 모르게 인터넷 환경에서 항상 사용되고 있습니다.

네트워크는 왜 필요할까?

NETWORK FOR EVERYONE

네트워크는 왜 사용하는 걸까요? 여러 가지 이유가 있겠지만 크게 다음과 같은 3가지를 꼽을 수 있습니다.

1 주변 장치 공유

주변 장치는 컴퓨터에 연결해서 사용하는 장치를 의미합니다. 대표적인 예가 프린터입니다. 그 밖에도 태블릿(아이패드 등)이나 스마트폰과 같은 모바일 기기 등이 있습니다. 이와 같이 내가 사용하고 있는 컴퓨터를 프린터와 같은 주변 장치와 연결할 때 네트워크가 필요합니다.

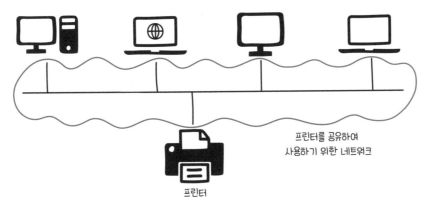

프린터를 공유하여
사용하기 위한 네트워크

프린터

그림 1-4 | 프린터 공유

2 데이터 공유

문서를 공동으로 함께 만들거나 편집할 때도 네트워크를 사용합니다. 간단한 예로, 내가 가지고 있는 파일을 다른 사람에게 전달할 때 네트워크를 이용합니다. 좀 더 복잡하게는 팀 단위의 프로젝트를 위해 무언가를 조사하고 이를 바탕으로 보고서를 만들 때도 네트워크를 이용합니다.

예를 들어 네트워크 과목에서 다음과 같은 과제가 있다고 가정해보겠습니다.

> 5명을 한 팀으로 구성하여 네트워크 효율성에 대한 보고서를 제출하세요.

5명은 네트워크의 효율성에 대해 각자 자료를 조사해서 글을 작성할 것입니다. 그런 다음 각자가 준비한 글을 취합하여 하나의 과제 보고서로 작성해야 합니다. 그러려면 하나의 문서를 공동으로 편집할 수 있어야 합니다. 즉, 다섯 명이 하나의 문서를 읽고 수정할 수 있어야 하는데, 네트워크가 있으면 이런 활동이 가능해집니다.

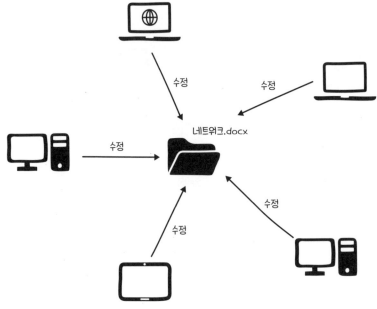

그림 1-5 | 데이터 공유

3 공동 작업

사람은 사회적 동물이라고 합니다. 혼자서는 할 수 있는 일들이 많지 않기 때문에 서로 협력해야 한다는 의미일 겁니다. 실제로 우리는 많은 일을 할 때 공동 작업을 합니다.

이해하기 쉽게 쇼핑몰 웹 사이트를 여럿이 함께 만들어야 하는 경우를 생각해보겠습니다. 쇼핑몰 웹 사이트를 만들려면 가장 먼저 어떤 일부터 해야 할까요? 어떤 기능이 필요한지 정리해보는 것이 첫 번째 단계일 겁니다. 간단히 생각해봐도 회원가입/로그인, 장바구니/결제, 이벤트/쿠폰, 상품 관리/검색 등의 기능이 필요할 것 같습니다. 필요한 기능을 정리했다면 다음에는 이 기능을 누가 만들지 정해야 합니다.

- 회원가입/로그인: 미영
- 장바구니/결제: 지민
- 이벤트/쿠폰: 현수
- 상품 관리/검색: 도희

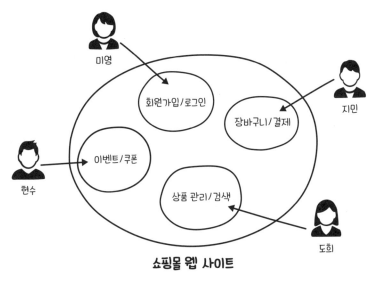

그림 1-6 | 쇼핑몰 웹 사이트를 개발하기 위한 역할 정의

이제 남은 것은 미영, 지민, 현수, 도희가 각자에게 할당된 기능을 개발하는 것입니다. 처음에는 각자의 노트북에서 따로따로 만듭니다. 그런데 하나의 '쇼핑몰 웹 사이트'로 완성되기 위해서는 모든 기능이 유기적으로 결합해야 합니다. 이처럼 각 기능들을 한곳에 모아 저장하고 유기적으로 결합할 때 네트워크를 사용합니다. 정리하면, 팀 단위의 공동 작업을 하려면 네트워크가 필요합니다.

LESSON 03 네트워크 형태: 랜과 왠

NETWORK FOR EVERYONE

네트워크는 통신 범위에 따라 랜(LAN)과 왠(WAN)으로 구분할 수 있습니다.

1 랜

랜(Local Area Network, LAN)은 건물 안이나 특정 지역을 범위로 하는 네트워크입니다. 주로 짧은 거리 내에 있는 컴퓨터나 주변 장치를 연결해 사용합니다. 좁은 의미로는 집에 노트북과 프린터만 연결해 사용하는 것도 랜입니다.

그림 1-7 | 좁은 의미의 랜

더 넓게는 하나의 건물 내에 존재하는 모든 컴퓨터와 주변 장치를 연결하는 것도 랜입니다.

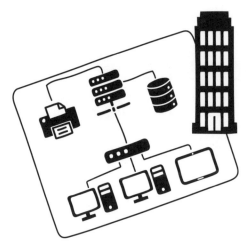

그림 1-8 | 넓은 의미의 랜

랜은 컴퓨터를 어떤 방식으로 연결할까요? 이것을 '랜의 구성 방법' 혹은 '네트워크 접속 형태'라고 부르는데요. 주로 다음과 같이 3가지 방식으로 연결할 수 있습니다.

① 스타(star)형: 스타형은 하나의 허브(Hub)[1]에 여러 대의 컴퓨터를 연결하는 방식입니다.

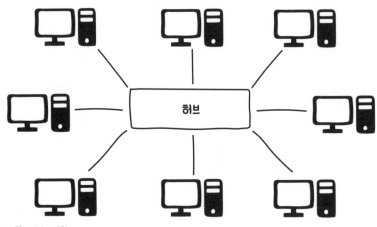

그림 1-9 | 스타형

---

1 컴퓨터와 컴퓨터 사이, 즉 네트워크 장비와 장비를 연결해주는 장치입니다.

② 링(ring)형: 링형은 개별 컴퓨터가 서로 원처럼 연결되어 있는 구성입니다.

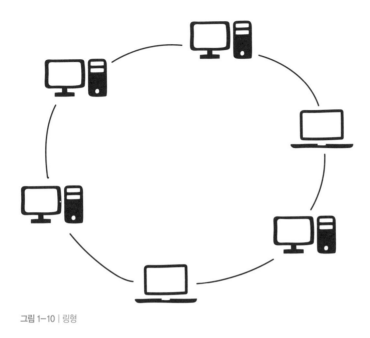

그림 1-10 | 링형

③ 버스(bus)형: 하나의 긴 선(케이블이라고 합니다)에 컴퓨터를 포함한 모든 주변 장치를 연결하는 방식입니다.

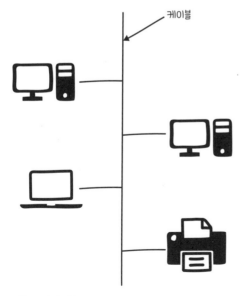

케이블

그림 1-11 | 버스형

네트워크 접속 형태는 말 그대로 네트워크 구성에 대한 것으로, 앞에서 언급한 3가지 말고도 다른 형태들이 있지만 가장 많이 사용되는 3가지만 언급했습니다. 이 방식들의 장단점은 다음처럼 정리할 수 있습니다.

표 1-1 | 랜 접속 형태 비교

구분	스타형	링형	버스형
장점	확장하기 쉽다.	초기 구성이 쉽다.	비용이 저렴하면서 설치하기 쉽다.
단점	허브에서 문제가 발생하면 전체 통신이 안 된다.	컴퓨터를 한 대 더 추가할 경우 기존의 링을 절단하고 다시 연결해야 한다.	케이블에 문제가 발생하면 전체 통신이 불가능하다.

각각의 장단점을 고려해 컴퓨터의 수, 혹은 건물의 구조에 따라 알맞은 방법을 선택하면 됩니다. 일반적으로는 버스형을 많이 사용합니다.

2 왠

왠(Wide Area Network, WAN)은 2개 이상의 랜을 연결한 것을 의미합니다. 따라서 넓은 지역에서 광범위하게 통신하고자 할 때 사용하는 네트워크입니다.

왠은 랜과는 다르게 광범위한 영역을 커버해야 하기 때문에 랜과 같은 별도의 '네트워크 접속 형태'는 없습니다. 이미 랜에서 접속 형태를 정의했으니 또다시 네트워크를 구성할 필요가 없기 때문이죠. 단지, 랜 사이에 통신이 잘 이루어지도록 연결만 해주면 됩니다.

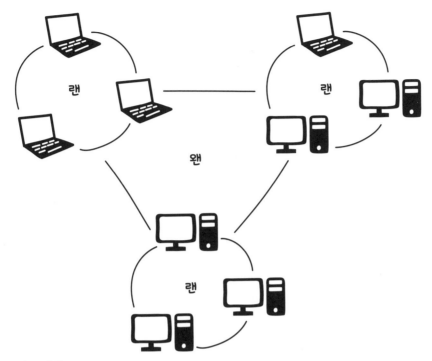

그림 1-12 | 왠

랜과 왠의 차이를 정리하면 다음과 같습니다.

표 1-2 | 랜과 왠의 비교

구분	랜	왠
정의	근거리 통신망	광역 통신망
거리 제약	10km 이내	제약 없음
전송 속도	고속	저속

차이가 명확하네요. 그럼 이제는 랜 환경을 구성하기 위해 필요한 접속 장치에 대해 알아보겠습니다.

네트워크 구성 장치

컴퓨터끼리 통신하기 위해서는 케이블을 이용해서 서로 연결해야 하며, 연결하는 구성 방법도 다양하다는 것을 배웠습니다. 그러면 컴퓨터와 케이블만 있으면 통신이 가능할까요? 그렇지는 않습니다. 컴퓨터와 컴퓨터가 통신하기 위해서는 다양한 접속 장치가 필요합니다. 세부적인 내용은 이후에 다시 이야기할 예정이므로 여기서는 간단히 그 쓰임새에 대해서만 알아보겠습니다.

다음 그림은 컴퓨터 A가 컴퓨터 B와 통신하기 위해 그 사이에 필요한 장치들을 나타낸 것입니다. 가정에서 구성하는 환경은 아니고 일반적으로 기업에서 많이 사용하는 네트워크 환경입니다.

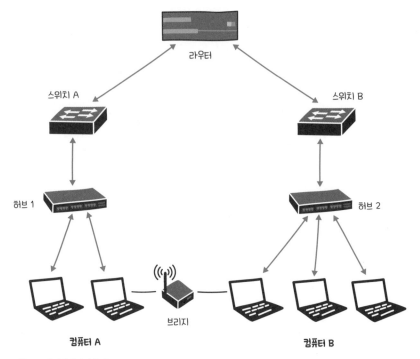

그림 1-13 | 기업에서 사용하는 네트워크 구성 환경

그림에서 보이는 것처럼 '컴퓨터 A → 허브 1 → 스위치 A → 라우터 → 스위치 B → 허브 2 → 컴퓨터 B' 순서로 통신이 이루어집니다. 물론 그 역순으로도 통신이 이루어집니다. 각각의 파란 선은 케이블에 해당됩니다. **허브**는 여러 대의 컴퓨터를 연결할 때 사용하는 장치이며, **스위치**(Switch)는 대역폭을 확대해주는 장치입니다. **라우터**(Router)는 컴퓨터 B를 찾아가기 위한 길을 제시하는 역할을 하는 장치입니다. **브리지**(Bridge)는 2개 이상의 네트워크를 연결하는 장치로, 데이터를 한 곳에서 다른 곳으로 전달하는 역할을 합니다. 예를 들어 1층에 네트워크가 하나 있고 2층에도 또 하나의 네트워크를 추가하고자 합니다. 이제 이 둘을 연결해야 하는데, 이때 사용하는 것이 브리지입니다. 간단히 말해, 네트워크에서 다리 역할을 하는 것이라고 이해하면 됩니다. 아직 좀 난해할 수 있는데 자세한 것은 차차 배울 테니 염려하지 마세요.

보강

대역폭이란

대역폭(bandwidth)은 1초당 처리할 수 있는 데이터의 양입니다. 다음 그림에서 원통이 대역폭에 해당되죠.

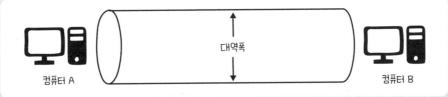

그림 1-14 | 대역폭

그렇다면 원통이 넓으면 넓을수록 데이터를 더 많이 처리할 수 있지 않을까요? 예를 들어 1초당 처리할 수 있는 원통의 길이는 동일하다고 가정해보겠습니다. 그렇다면 1차선 도로보다는 3차선 도로에서 더 많은 차량이 이동할 수 있듯이, 데이터의 이동(처리)도 폭이 넓은 3차원 도로가 더 유리하겠죠? 이처럼 대역폭은 원통의 폭(처리 용량)에 영향을 받습니다.

◐ 계속

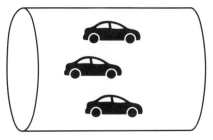

1차선 도로

3차선 도로

그림 1-15 | 대역폭에 따른 데이터 처리량

참고로 대역폭은 다음 수식으로 구할 수 있습니다.

대역폭(bps, bit per second) = (용량 × 8) / 처리 시간

수식에서 8을 곱하는 이유는 바이트에서 비트로 변환하기 위해서입니다. 대역폭을 의미하는 단위가 bps이고 그중 b가 비트(bit)를 의미합니다. 그럼 또 '왜 비트를 사용하는 걸까?'라고 질문해볼 수 있겠죠? 비트는 컴퓨터가 의사 소통하는 언어이기 때문입니다. 비트는 0과 1로 구성되어 있고 이것은 전기 신호로 변환되어 전송됩니다.

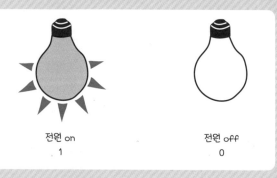

전원 on
1

전원 off
0

그림 1-16 | 비트와 전기 신호

보강

데이터의 처리 단위: 비트와 바이트

컴퓨터는 인간의 언어인 영어나 한국어를 이해할 수 없습니다. 워드프로세서나 웹 브라우저에서 한글을 입력한다고 해서 그것을 컴퓨터가 바로 이해할 수 없다는 의미입니다. 그래서 인간의 언어를 컴퓨터가 이해할 수 있는 0과 1로 바꿔줘야 합니다. 여기서 우리는 0과 1을 **비트**(bit)라고 부릅니다. 비트는 네트워크 통신에 있어서 가장 기본적인 단위라고 할 수 있습니다. 물론 데이터 전달을 위해서는 전기 신호로의 변환도 필요합니다.

반면에 사람이 인식할 수 있는 정보의 단위를 **바이트**(byte)라고 합니다. 바이트는 다음 그림과 같이 8개의 비트를 묶어놓은 것입니다.

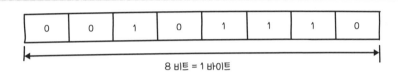

그림 1-17 | 바이트

예를 들어 'a', 'b', 'c' 같은 로마자는 문자 하나가 1바이트가 되고 '가', '나' 같은 한글, 일본어의 가나 문자, 중국어의 한자는 문자 하나가 2바이트입니다.

또한, 데이터를 나타내는 단위는 더 많습니다. 바이트를 1024(=2^{10})배 하면 킬로바이트(Kilobyte)가 되고, 거기서 또다시 1024배를 하면 메가바이트(Megabyte)가 됩니다. 여기에 또다시 1024배를 하면 기가바이트(Gigabyte)가 되며, 또다시 1024배를 하면 테라바이트(Terabyte)가 됩니다.

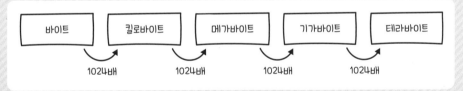

그림 1-18 | 데이터의 단위

● 계속

데이터의 단위와 그에 해당하는 분량에 대한 예시는 다음과 같습니다.

표 1-3 | 데이터 단위와 예시

단위	예시
비트	예/아니요
바이트	알파벳 1개
킬로바이트	몇 개의 텍스트 문단
메가바이트	1분 정도의 음원
기가바이트	30분 정도의 영화
테라바이트	영화 100~200편

복습하기

NETWORK FOR EVERYONE

1장은 어땠나요? 지금까지 배운 내용을 복습할 수 있도록 연습 문제와 용어 정리를 준비했습니다. 꼭 풀어보세요.

 연습 문제

( ) 안에 알맞은 단어를 넣어주세요.

1. (　　　)은 짧은 거리의 컴퓨터 혹은 주변 장치를 연결할 때 사용하는 네트워크 방식입니다.

2. 하나의 긴 케이블에 컴퓨터를 포함한 모든 주변 장치를 연결하는 방식을 (　　　)형이라고 합니다.

3. (　　　)은 2개 이상의 랜을 연결한 네트워크 방식입니다.

4. 네트워크가 1초당 처리할 수 있는 데이터의 양을 (　　　)이라고 합니다.

5. 컴퓨터는 (　　　)과 (　　　)만 이해할 수 있습니다.

6. 네트워크 통신에 있어서 가장 기본적인 단위는 (　　　)입니다.

7. 8개의 비트를 묶어놓은 것을 (　　　)라고 합니다.

2 용어 정리

1장에서 배운 핵심 용어를 정리합니다.

- **네트워크(Network)**: 각종 통신 장비들이 서로 그물망처럼 연결되어 데이터를 교환하거나 협력하여 일할 수 있게 해주는 통신망입니다.

- **랜(Local Area Network, LAN)**: 짧은 거리의 컴퓨터 혹은 주변 장치를 연결할 때 사용하는 네트워크입니다.

- **왠(Wide Area Network, WAN)**: 2개 이상의 랜을 연결한 네트워크입니다. 넓은 지역에서 광범위하게 통신하고자 할 때 사용합니다.

- **허브(Hub)**: 컴퓨터와 컴퓨터 사이, 즉 네트워크 장비와 장비를 연결해주는 장치입니다.

- **대역폭(Bandwidth)**: 네트워크가 1초당 처리할 수 있는 데이터의 양입니다.

- **스위치(Switch)**: 대역폭을 확대해주는 장치입니다.

- **비트(Bit)**: 네트워크 통신에 있어서 가장 기본적인 단위입니다.

[준비편]
네트워크 기초 지식 익히기

네트워크 통신을
위한 약속

이 장에서는 네트워크를 이용하기 위해 가장 기본이 되는
약속인 통신 규약에 대해 알아봅니다.

이 장의 목표

• 프로토콜이 무엇인지 이해한다.
• OSI 7 계층과 TCP/IP 계층에 대해 이해한다.
• 캡슐화와 역캡슐화를 이해한다.
• VPN이 무엇인지 이해한다.

네트워크의 규칙, 프로토콜

NETWORK FOR EVERYONE

사람들은 서로 어떻게 대화할까요? 대부분 처음에는 형식적인 인사부터 시작하고, 그다음 대화의 목적을 언급합니다. 물론 친한 사이라면 형식적인 인사 없이 바로 본론으로 들어갈 수 있겠지만 일반적으로는 다음 그림과 같은 패턴으로 대화를 이어나갈 것입니다.

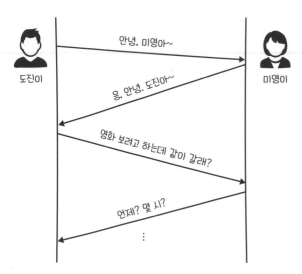

그림 2–1 | 인간의 대화

물론 대화의 순서를 누군가가 규칙으로 정해놓은 것은 아닙니다. 단지 상호 간에 암묵적으로 동의한 것일 뿐이죠.

이러한 암묵적 동의가 꼭 사람과 사람 간의 관계에서만 성립하는 것은 아닙니다. 컴퓨터와 컴퓨터가 통신할 때도 이 규칙은 그대로 적용됩니다.

다음 그림과 같이 사용자 컴퓨터의 웹 브라우저를 이용해서 www.google.com이라는 웹 사이트에 접속하려면 가장 먼저 웹 서버에 인사를 합니다. 예를 들어 사용자가 '통신 가능해?'라고 묻는다면 서버는 '응, 가능해'라는 답변을 해줍니다. 사람으로 치면 형식적인 인사에 해당되는 것이죠. 하지만 컴퓨터 세계에서는 단순히 형식적인 수준에 머무르는 것이 아니라 서로가 통신이 가능한 상태인지 확인하는 용도로 사용되기 때문에 반드시 필요하면서도 매우 중요한 과정입니다.

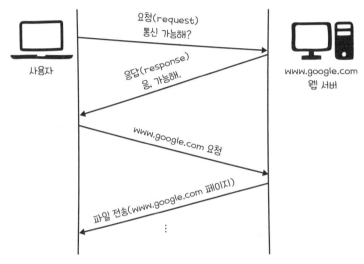

그림 2-2 | 컴퓨터와 컴퓨터 간의 통신 약속

이와 같은 형식적인 과정이 끝나면 사용자 컴퓨터의 웹 브라우저에서는 다음처럼 요청한 www.google.com 화면을 보여줍니다.

그림 2-3 | www.google.com

컴퓨터 세계에서 형식적으로 나누는 인사 과정을 **프로토콜(protocol)**이라고 합니다. 이것을 좀 더 IT에 가까운 표현으로 정의하면 다음과 같습니다.

컴퓨터나 원거리 통신 장비 사이에서 메시지를 주고받는 양식과 규칙의 체계

네트워크에서는 대표적인 프로토콜로 사용되는 것이 OSI 7 계층(Open Systems Interconnection 7 Layers)과 TCP/IP 4 계층(Transmission Control Protocol/Internet Protocol 4 Layers)입니다.

OSI 7 계층과 TCP/IP 4 계층

NETWORK FOR EVERYONE

세상에는 수많은 국제기구가 있다는 것을 아시나요? 뉴스에서 많이 들어봤던 IMF (International Monetary Fund, 국제통화기금)는 국제 환거래의 안정과 국제수지를 조정하는 역할을 합니다. 그리고 OECD(Organization for Economic Cooperation and Development, 경제협력개발기구)는 경제발전과 세계무역 촉진을 위한 기구입니다.

그렇다면 국제기구에 강제성이 있을까요? 예를 들어 IMF에서 다음과 같이 공표했다고 가정해보겠습니다.

> 1달러 = 2500원

그럼 IMF가 공표한 순간부터 1달러는 2500원이 되나요? 그렇지는 않겠죠? 이와 같이 국제 기구가 내놓은 안은 권고 사항은 될 수 있으나 강제는 할 수 없습니다(실제로 환율 결정을 IMF가 하지는 않습니다).

국제기구에는 ISO라는 것도 있습니다. ISO(International Organization for Standardization)는 국제표준화기구입니다. 그럼 무엇을 표준화할까요? ISO의 정관 2조에는 ISO의 설립 목적을 다음과 같이 명시하고 있습니다.

> 상품 및 서비스의 국제적 교환을 촉진하고 지적, 과학적, 경제적 활동 분야에서의 협력증진을 위하여 세계의 표준화 및 관련 활동의 발전을 촉진시키는 데 있다.

즉, 국가 간의 상품 및 서비스를 교류(교환)하고자 할 때 혼란을 줄이기 위한 표준을 정하는 기구이죠. 그런데 ISO가 꼭 경제적 교류에 대해서만 표준을 정의하는 것은 아닙니다. 우리가 다루고자 하는 컴퓨터의 세계, 즉 네트워크에 대해서도 표준을 정의합니다. 대표적인 것이 OSI 7 계층입니다.

1 OSI 7 계층이 등장한 배경

OSI 7 계층의 등장 배경을 설명하기에 앞서 OSI 7 계층이 어떻게 생겼는지 알아보겠습니다. OSI 7 계층이 무엇인지 알아야 등장 배경에도 관심이 생길 테니까요. OSI 7 계층은 컴퓨터와 컴퓨터가 통신을 하기 위해 필요한 것을 7개 계층으로 분리해놓은 것입니다.

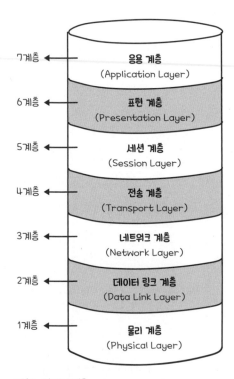

그림 2-4 | OSI 7 계층

OSI 7 계층은 왜 생겼을까요? 1980년대 초반 통신 기술이 빠르게 발전하면서 개인용 컴퓨터 역시 빠르게 보급되었습니다. 그러면서 개인용 컴퓨터를 생산하는 기업들도 우후죽순으로 많아졌죠. A 기업에서 만든 컴퓨터, B 기업에서 만든 컴퓨터 등 세상에는 수많은 컴퓨터 제조사들이 내놓은 제품들로 넘쳐났습니다.

그런데 이때 당시 개인용 컴퓨터만 증가한 게 아닙니다. 1장에서 배웠던 다음 그림을 기억하나요? 컴퓨터와 컴퓨터 간의 통신을 위해서는 개인용 컴퓨터뿐만 아니라 허브, 스위치, 라우터라는 것도 함께 필요하다고 했습니다. 이때 당시 컴퓨터뿐만 아니라 허브, 스위치, 라우터를 생산하는 업체들도 많았습니다.

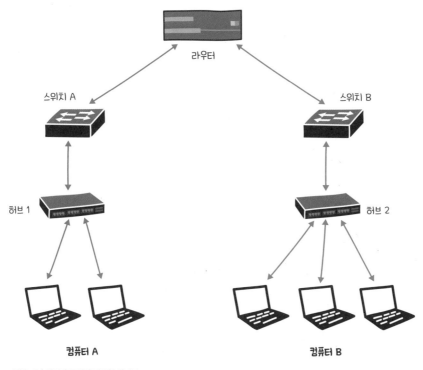

그림 2-5 | 컴퓨터 통신에 필요한 장비들

이렇게 다양한 제조사에서 만든 컴퓨터와 허브, 스위치, 라우터를 서로 연결하여 통신을 해야 합니다. 그냥 케이블로 연결만 하면 통신이 가능할까요? 결론부터 말하면 불가능했습니다. 제조사마다 자신들만의 프로토콜을 사용하기 때문에 통신 장비들은 서로 호환(통신)되지 않는 경우가 많았습니다. 예를 들어 허브 1을 만든 A 제조사는 자신들만의 프로토콜을 만들어 놓고 이것을 지켜야만 통신할 수 있도록 하였으며, 허브 2를 만드는 B 제조사 역시 자신들만의 프로토콜을 만들어놓고 그것을 지켜야만 통신이 이루어진다고 하는 상황이 비일비재했죠. 이러니 서로 다른 장비 제조사에서 만든 장치들끼리 통신되지 않았습니다.

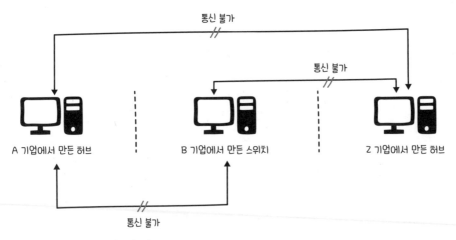

그림 2-6 | 네트워크 장비들 간의 통신 문제

컴퓨터 간에 통신이 불가능하다면 컴퓨터 100대를 가지고 있다고 한들 그 효용성에는 한계가 있을 겁니다. 그래서 ISO에서는 컴퓨터 간의 통신이 가능하도록 OSI 7 계층이라는 표준을 제정했습니다. 7개의 계층으로 이루어졌기 때문에 복잡해 보일 수도 있지만, 궁극적으로는 모든 장치가 서로 간의 통신을 보장하기 위한 방안으로 만들어졌습니다.

특히 각 계층별로 필요한 장치들을 정의했기 때문에 제조사들은 통신에 필요한 프로토콜을 통일할 수 있습니다. 예를 들어 물리 계층에는 허브라는 장치가 필요하고, 데이터 링크 계층에는 스위치라는 장치가 필요합니다. 이와 같이 각 계층별로 필요한 장치와 프로토콜을 정의했기 때문에 서로 다른 제조사에서 만든 장치들 간에도 통신이 가능해졌습니다.

응용 계층		
표현 계층		
세션 계층		
전송 계층		
네트워크 계층	----	라우터
데이터 링크 계층	----	브리지, 스위치
물리 계층	----	리피터, 허브

그림 2-7 | OSI 7 계층별 필요한 장치

2 OSI 7 계층

OSI 7 계층은 컴퓨터와 컴퓨터가 통신하는 구조를 7개의 계층으로 정의해둔 약속, 즉 **프로토콜입니다.** ISO에서 정의한 7개의 계층은 다음과 같습니다.

7계층	응용 계층 (Application Layer)
6계층	표현 계층 (Presentation Layer)
5계층	세션 계층 (Session Layer)
4계층	전송 계층 (Transport Layer)
3계층	네트워크 계층 (Network Layer)
2계층	데이터 링크 계층 (Data Link Layer)
1계층	물리 계층 (Physical Layer)

그림 2-8 | OSI 7 계층

예를 들어 웹 브라우저에서 특정 URL(예 www.google.com)을 입력한다는 것은 OSI 7 계층의 7계층인 응용 계층에 해당됩니다. 웹 브라우저 자체가 응용 프로그램이기 때문입니다. 내가 요청한 URL은 물리 계층의 케이블을 통해 구글(www.google.com) 서버에 전달됩니다. OSI 7 계층의 자세한 내용은 다음 표를 참고해주세요.

표 2-1 | OSI 7 계층 설명

계층		설명
7계층	응용 계층	사용자와 애플리케이션 간의 소통(메 이메일 보내기, 웹 사이트 조회)
6계층	표현 계층	데이터를 어떻게 표현할지 정의(메 데이터의 암호화, 데이터 압축 등)
5계층	세션[1] 계층	통신을 설정, 관리, 종료(일반적으로 통신을 위한 세션을 체결)
4계층	전송 계층	신뢰성 있는 정확한 데이터 전달
3계층	네트워크 계층	네트워크 장치 간의 경로 선택과 데이터 전송
2계층	데이터 링크 계층	물리적인 연결을 통해 오류 없는 데이터 전달
1계층	물리 계층	전기 신호를 이용해서 통신 케이블로 데이터를 전송

송신자 관점에서 보면 7계층인 응용 계층에서 시작된 통신은 1계층인 물리 계층에서 끝납니다. 반대로 수신자는 물리 계층에서 시작하여 응용 계층에서 끝나는 다음과 같은 흐름을 갖습니다.

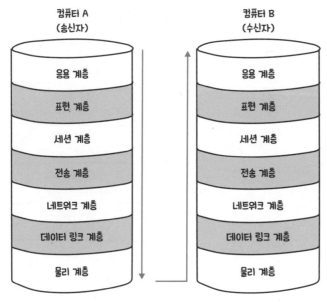

그림 2-9 | OSI 7 계층 통신 흐름

---

1 컴퓨터와 컴퓨터 간의 연결 상태를 의미합니다.

이와 같이 계층을 나누면 다음과 같은 효과를 얻을 수 있습니다.

① 통신이 일어나는 과정을 단계별로 확인할 수 있습니다.

② 통신에 문제가 발생했을 때 원인 파악 및 해결이 쉽습니다.

 잠깐만요

OSI 7 계층을 암기하고 싶으면 다음과 같은 방법을 이용하면 편리합니다. 일반적으로는 인터넷을 찾으면 쉽게 확인할 수 있지만 시험을 준비하는 사람에게는 암기가 필수일 테니까요.

아파서티네다P

아: Application Layer

파: Presentation Layer

서: Session Layer

티: Transport Layer

네: Network Layer

다: Data Link Layer

P: Physical Layer

아쉽게도 지금까지 배웠던 OSI 7 계층은 이론적인 표준안입니다. 이것을 현실에 적용하기에는 계층이 너무 많습니다. 그래서 OSI 7 계층을 효율적으로 사용하기 위해 등장한 것이 TCP/IP 4 계층입니다. 따라서 TCP/IP 4 계층을 사실상의 표준(De Facto Standard)이라고도 합니다.

 TCP/IP 4 계층

컴퓨터 간의 통신을 위한 표준이 OSI 7 계층이었다면, 이 이론을 기반으로 만들어진 인터넷 표준이 TCP/IP 4 계층입니다. TCP/IP 4 계층은 말 그대로 4개의 계층으로 구성되는데 OSI 7 계층이 축약된 것으로 다음과 같이 비교할 수 있습니다.

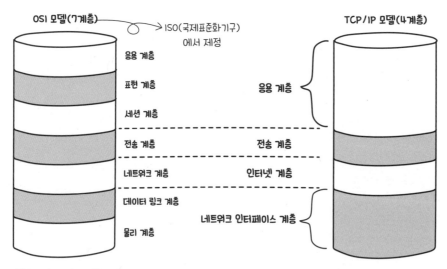

그림 2-10 | TCP/IP 4 계층

OSI 7 계층을 이해했다면 TCP/IP 4 계층도 금방 이해할 수 있습니다. 단지 계층을 합쳐서 4 개의 계층으로 줄여놓았기 때문이죠. 다시 정리하는 차원에서 다음 표를 읽어보면 이해하는 데 도움이 될 것입니다.

표 2-2 | TCP/IP 4 계층 설명

계층		설명
4계층	응용 계층	사용자와 애플리케이션 간의 소통(예 이메일 보내기, 웹 사이트 조회)
3계층	전송 계층	데이터의 전송 및 흐름에 있어 신뢰성 보장
2계층	인터넷 계층	물리적으로 데이터가 네트워크를 통해 어떻게 전송되는지를 정의
1계층	네트워크 인터페이스 계층	데이터를 전기 신호로 변환한 뒤 데이터 전송

좀 더 간단해졌다는 것이 한눈에 보이죠? 현실에서는 단순한 방법이 더 효율적이니까요. 하지만 TCP/IP 4 계층이 OSI 7 계층에 기반하여 만들어졌으니 OSI 7 계층에 대한 이해는 필수입니다.

LESSON 07
OSI 7 계층에서의 데이터 표현

NETWORK FOR EVERYONE

OSI 7 계층마다 데이터를 부르는 용어가 다릅니다. 이러한 다른 용어들이 네트워크를 이해하는 데 어려움을 겪는 요소 중 하나이기도 합니다. 그럼에도 OSI 7 계층이 표준이기 때문에 용어 자체에 익숙해져야 할 필요가 있습니다.

먼저 응용 계층부터 세션 계층까지 사용하는 전송 단위를 '데이터' 혹은 '메시지'라고 부릅니다. 그리고 그 하위 계층인 전송 계층에서는 '세그먼트', 네트워크 계층에서는 '패킷', 데이터 링크 계층에서는 '프레임', 물리 계층에서는 '비트'라고 부릅니다.

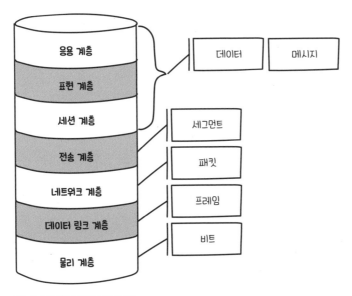

그림 2-11 | OSI 7 계층에서의 데이터

그리고 각각의 데이터에 포함된 내용은 다음과 같습니다. 데이터에는 말 그대로 데이터가 담겨 있습니다. 예를 들어 이메일을 보낸다고 하면 이메일의 본문이 데이터가 될 것입니다. 이후 한 단계씩 아래로 내려가면서 통신을 위한 정보가 하나씩 추가로 붙게 됩니다. 세그먼트에서는 포트 번호, 패킷에서는 송·수신자의 IP 주소, 프레임에서는 송·수신자의 MAC 주소가 붙게 되는 것이죠.

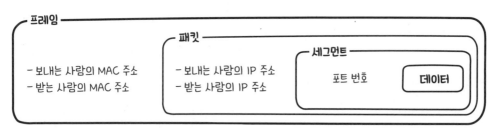

그림 2-12 | 데이터에 포함된 정보

먼저 포트(port) 번호가 무엇인지 알아보겠습니다. 우리는 웹 브라우저에서 www.google.com 과 같은 사이트에 접속하여 필요한 것을 검색할 수도 있고, 이메일을 보낼 수도 있습니다. 이와 같이 목적에 따라 사용하는 응용 프로그램이 다릅니다. 그런데 검색이나 이메일 보내기 모두 웹 사이트를 사용하므로 우리가 사용하려는 것이 검색인지 이메일인지 구분이 필요합니다. 이때 포트 번호를 이용합니다. 즉, **포트 번호는 애플리케이션을 구분하기 위한 번호입니다.** 예를 들어 검색에 사용되는 포트 번호는 80번이고, 이메일은 25번입니다.

또한, **IP 주소는 인터넷에 연결되어 있는 모든 장치(예 사용자 컴퓨터, 서버, 스마트폰 등)를 식별할 수 있도록 각각의 장치에 부여된 고유 주소라고 이해하면 됩니다.** 그러니 IP는 다른 장치와 중복될 수 없습니다.

192.168.121.63

그림 2-13 | IP 주소 예시

MAC 주소는 하드웨어 장치에 할당된 주소입니다. 이것 역시 다른 장치와 중복되면 안 됩니다.

```
1C-1B-B5-08-A4-2A
```

그림 2-14 | MAC 주소 예시

IP 주소와 MAC 주소 모두 고유 번호인데, 왜 2개나 필요할까요? 사실 IP 주소와 MAC 주소는 용도가 다릅니다. IP 주소는 KT, SKT, LG 등의 인터넷 서비스에 가입하면 할당받는 주소이고 네트워크 계층에서 사용됩니다. 반면에 MAC 주소는 컴퓨터를 구매할 때부터 할당되어 있는 기기의 고유 번호이며 데이터 링크 계층에서 사용됩니다.

참고로 IP 주소와 MAC 주소는 명령 프롬프트에서 ipconfig /all 명령으로 확인할 수 있습니다.

먼저 명령 프롬프트 창을 실행하기 위해 [시작] 버튼을 클릭하고 cmd를 입력한 후 Enter 키를 누릅니다.

그림 2-15 | 명령 프롬프트 창 실행

명령 프롬프트 창이 뜨면 ipconfig /all을 입력하고 Enter 키를 누릅니다. 그러면 다음과 같은 결과가 출력됩니다.

```
C:\Users\jyseo>ipconfig /all

Windows IP 구성

    호스트 이름 . . . . . . . . . . : DESKTOP-DBHPANE
    주 DNS 접미사 . . . . . . . . . :
    노드 유형 . . . . . . . . . . . : 혼성
    IP 라우팅 사용 . . . . . . . . . : 아니요
    WINS 프록시 사용 . . . . . . . . : 아니요

이더넷 어댑터 네트워크 브리지:

    연결별 DNS 접미사 . . . . . . . :
    설명 . . . . . . . . . . . . . : Microsoft Network Adapter Multiplexor Driver
    물리적 주소 . . . . . . . . . . : 1C-1
    DHCP 사용 . . . . . . . . . . . : 예
    자동 구성 사용 . . . . . . . . . : 예
    링크-로컬 IPv6 주소 . . . . . . : fe80
    IPv4 주소 . . . . . . . . . . . : 172.
    서브넷 마스크 . . . . . . . . . : 255.
    임대 시작 날짜 . . . . . . . . . : 2023
    임대 만료 날짜 . . . . . . . . . : 2023
    기본 게이트웨이 . . . . . . . . : 172.
    DHCP 서버 . . . . . . . . . . . : 172.
    DHCPv6 IAID . . . . . . . . . . : 8910
    DHCPv6 클라이언트 DUID . . . . . : 00-0
    DNS 서버 . . . . . . . . . . . : 168.
                                       168.
    Tcpip를 통한 NetBIOS . . . . . : 사용

이더넷 어댑터 Bluetooth 네트워크 연결:

    미디어 상태 . . . . . . . . . . : 미디어 연결 끊김
    연결별 DNS 접미사 . . . . . . . :
    설명 . . . . . . . . . . . . . : Bl
    물리적 주소 . . . . . . . . . . : 1C
```

그림 2-16 | IP와 MAC 주소 확인하기

출력된 값에서 IPv4 주소는 IP 주소를 의미하며, 물리적 주소는 MAC 주소를 의미합니다.

LESSON 08 캡슐화와 역캡슐화

NETWORK FOR EVERYONE

앞에서 OSI 7 계층을 지나면서 데이터에 정보가 하나씩 덧붙여진다고 했습니다. 이와 같이 **각 계층을 지나면서 덧붙여지는 정보를 헤더(header)라고 합니다.** 그리고 헤더가 추가되는 과정을 캡슐화라고 하며, 헤더가 분리되는 과정을 역캡슐화라고 합니다.

 1 캡슐화

미영이 도진에게 이메일을 보내기 위해 필요한 것은 무엇일까요?

그림 2-17 | 이메일 전달을 위해 필요한 것은?

앞에서도 살펴봤듯이 2대의 컴퓨터가 통신을 하기 위해서는 포트 번호, IP 주소, MAC 주소 정보가 필요합니다.

그리고 **캡슐화(Encapsulation)는 계층에 따라 이러한 정보를 담은 헤더를 데이터에 붙여나가는 과정을 의미합니다.** 상대방에게 보내려는 데이터(예 이메일 본문)에 그 데이터를 보내기 위해 필요한 정보들을 헤더라는 이름으로 붙여나가는 것이죠.

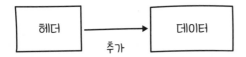

그림 2-18 | 데이터에 헤더 추가하기

이제 이 내용을 OSI 7 계층에 그대로 적용해봅시다. 매 계층마다 헤더 정보를 하나씩 추가한다고 했지요? 응용 계층부터 세션 계층까지는 데이터를 '데이터' 혹은 '메시지'라고 부르기 때문에 다음 그림에서는 편의상 응용 계층만 표시했습니다. 하지만 다음 그림의 응용 계층은 실제로는 응용 계층~세션 계층을 의미한다고 이해하면 됩니다.

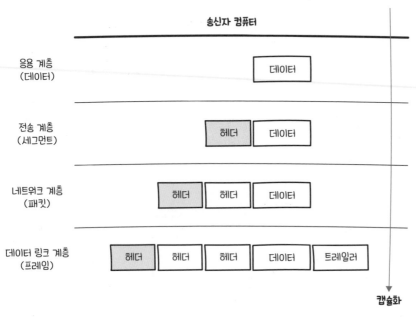

그림 2-19 | 캡슐화

그림을 보니 캡슐화 과정에서 중요한 것은 헤더에 어떤 정보가 추가되는지 이해하는 것인 것 같습니다. 사실 이 정보는 이미 앞에서 살펴봤습니다. 정리하는 차원에서 다시 알아보겠습니다.

표 2-3 | 헤더 정보

계층	헤더 정보
전송 계층	포트 정보
네트워크 계층	송수신자의 IP 정보
데이터 링크 계층	송수신자의 MAC 주소, 트레일러

그러고 보니 데이터 링크 계층에 트레일러 정보가 추가되었네요. **트레일러(Trailer)는 전달한 데이터에 오류가 없는지 검출하기 위한 용도로 사용합니다.**

2 역캡슐화

캡슐화가 계층을 지나면서 헤더 정보가 추가되는 것이라면, 반대로 **역캡슐화(Decapsulation)는 헤더 정보가 하나씩 벗겨지는 것**을 말합니다. 다음 그림과 같이 데이터 링크 계층에서 MAC 주소를 획득하고, 네트워크 계층에서 IP 주소를 획득하고, 전송 계층에서 통신하고자 하는 응용 프로그램의 특성에 따른 포트 번호를 획득하는 것이죠.

수신자 컴퓨터

응용 계층 (데이터)				데이터	

분리

| 전송 계층
(세그먼트) | | 헤더 | 데이터 | |

분리

| 네트워크 계층
(패킷) | 헤더 | 헤더 | 데이터 | |

분리 · 분리

| 데이터 링크 계층
(프레임) | 헤더 | 헤더 | 헤더 | 데이터 | 트레일러 |

역캡슐화

그림 2-20 | 역캡슐화

이렇게 되면 송·수신자는 서로 통신하기 위한 정보를 모두 획득한 것입니다. 그리고 캡슐화와 역캡슐화를 연결하면 다음 그림과 같은 형태가 됩니다.

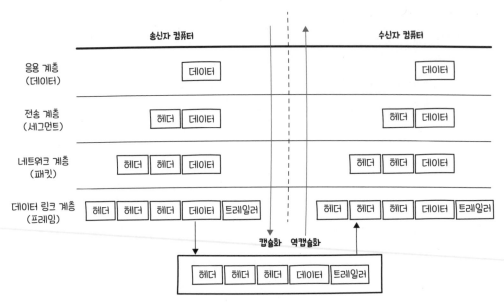

그림 2-21 | 캡슐화와 역캡슐화

단순히 말하자면 캡슐화와 역캡슐화는 통신하는 데 꼭 필요한 정보를 얻기 위한 과정으로 이해하면 됩니다.

VPN

학교 네트워크에는 다양한 시스템이 있습니다. 학사 관리 시스템, 교직원 관리 시스템, 입학/졸업 관련 시스템 등 수십 대의 시스템이 운영되고 있습니다. 이 중에는 학교의 기밀 정보라고 할 만한 중요한 정보가 담긴 시스템이 있고, 이러한 시스템은 외부에서 접근하지 못하도록 보안에 각별히 신경을 씁니다.

예를 들어 다음 상황을 가정해보겠습니다.

- 본교(서울)와 제2 캠퍼스(대구)가 있으며,
- 모든 시스템은 본교에 위치하고
- 학사 관리 시스템에 개인정보 데이터(예 주민번호)가 있는 경우

이와 같은 상황에서는 시스템이 본교에 위치하기 때문에 본교에 근무하는 교직원들은 바로 학사관리 시스템에 접근할 수 있습니다. 하지만 제2 캠퍼스에 근무하는 교직원들이 본교에 위치한 시스템에 접속하려면 VPN이라는 것을 이용하여 학사 관리 시스템에 접속해야만 중요한 정보를 보호할 수 있습니다.

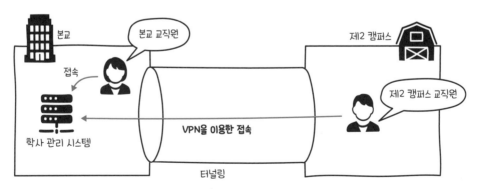

그림 2-22 | VPN 이용

VPN으로 어떻게 보안을 강화할 수 있는 걸까요? **VPN(Virtual Private Network, 가상사설망)은 인터넷을 통해 데이터를 안전하게 전송하기 위한 기술입니다.** VPN은 일반적으로 다음과 같은 방식으로 동작합니다.

① VPN 클라이언트 소프트웨어 설치: 먼저 컴퓨터에 VPN 클라이언트 소프트웨어를 설치해야 합니다. 예를 들어 제2 캠퍼스에서 근무하는 교직원들의 경우 자신의 노트북에 VPN 클라이언트를 설치해야 합니다.

② VPN 서버 연결 및 인증: VPN 클라이언트 소프트웨어를 사용하여 VPN 서버에 연결합니다. 이때 사용자 이름과 암호를 사용하여 인증을 합니다.

③ 데이터 암호화: VPN 연결이 설정되면 모든 데이터는 암호화되어 전송됩니다. 이는 데이터가 인터넷을 통해 전송될 때 누구나 볼 수 없게 만들어줍니다.

④ 터널링: VPN은 암호화된 데이터를 전송하기 위해 터널링 기술을 사용합니다. **터널링(Tunneling)이란 본교와 제2 캠퍼스 간에 마치 터널이 뚫린 것처럼 네트워크 사이에 통로를 생성하는 것을 말합니다.**

이후 통신이 종료되면 VPN 터널은 해제되고 VPN 연결도 종료됩니다.

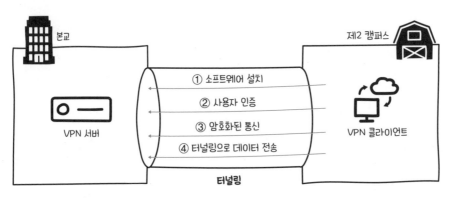

그림 2-23 | VPN 통신 방법

VPN은 IPSec(Internet Protocol Security) VPN과 SSL(Secure Socket Layer) VPN 2가지 종류가 있으며 그 차이는 다음 표를 참조해주세요.

표 2-4 | IPSec VPN과 SSL VPN 비교

구분	IPSec VPN	SSL VPN
OSI 7 계층	3계층	4~7계층
암호화	IP 패킷 암호화	데이터 암호화
접속 방법	소프트웨어를 설치하여 접속	웹 브라우저에서 접속

여기까지가 네트워크 공부를 시작하기 위한 기본 개념이었습니다. 다음 장부터는 본격적으로 OSI 7 계층을 이용해서 네트워크 통신 과정을 알아보겠습니다.

복습하기

NETWORK FOR EVERYONE

2장은 어땠나요? 지금까지 배운 내용을 복습할 수 있도록 연습 문제와 용어 정리를 준비했습니다. 꼭 풀어보세요.

 연습 문제

( ) 안에 알맞은 단어를 넣어주세요.

1. 컴퓨터나 원거리 통신 장비 사이에서 메시지를 주고받는 양식과 규칙의 체계를 (　　) 이라고 합니다.

2. 컴퓨터와 컴퓨터 간의 통신 규약을 7개의 계층으로 분리해놓은 것을 (　　)이라고 합니다.

3. OSI 7 계층 이론을 기반으로 만들어진 인터넷 표준은 (　　)입니다.

4. 응용 계층에서 데이터는 데이터 혹은 메시지라고 부르고, 전송 계층에서는 (　　)라고 부릅니다.

5. 데이터를 네트워크 계층에서는 (　　), 데이터 링크 계층에서는 (　　), 물리 계층에서는 비트라고 부릅니다.

6. (　　)는 데이터의 오류를 검출하기 위해 사용됩니다.

7. (　　)는 계층에 따라 데이터에 헤더를 붙여나가는 것을 의미합니다.

8. 컴퓨터는 (　　)와 (　　)라는 고유 번호를 갖습니다.

9. IPSec VPN은 주로 (　　　) 계층에서 동작합니다.

10. VPN은 데이터를 전송하기 위해 (　　　) 기술을 사용합니다.

정답

1. 프로토콜
2. OSI 7 계층
3. TCP/IP 4 계층
4. 세그먼트
5. 패킷, 프레임
6. 트레일러
7. 캡슐화
8. MAC 주소, IP 주소
9. 3
10. 터널링

 용어 정리

Lesson 5~9에서 배운 핵심 용어를 정리합니다.

- **프로토콜(Protocol)**: 프로토콜이란 컴퓨터나 원거리 통신 장비 사이에서 메시지를 주고받는 양식과 규칙의 체계입니다.

- **OSI(Open Systems Interconnection) 7 계층**: OSI 7 계층은 컴퓨터와 컴퓨터가 통신하는 구조를 7개의 계층으로 정의해둔 약속, 즉 프로토콜입니다.

- **TCP/IP 4 계층(Transmission Control Protocol/Internet Protocol)**: OSI 7 계층 이론을 기반으로 만들어진 인터넷 표준이 TCP/IP 4 계층입니다.

- **캡슐화**: 캡슐화란 매 계층마다 데이터에 헤더 정보를 하나씩 추가하는 과정입니다.

- **트레일러(Trailer)**: 데이터를 전달할 때 데이터의 마지막에 추가하는 정보로서 데이터의 오류를 검출하기 위한 용도로 사용됩니다.

- **역캡슐화(Decapsulation)**: 역캡슐화는 데이터에서 헤더 정보를 하나씩 분리시키는 과정입니다.

- **VPN(Virtual Private Network)**: VPN은 인터넷을 통해 데이터를 안전하게 전송하기 위한 기술입니다.

3장

물리 계층, 데이터를 전기 신호로 변환하는 단계

이 장에서는 OSI 7 계층 중 물리 계층에 대해 설명합니다.

이 장의 목표

- 물리 계층 역할을 이해한다.
- 케이블 종류와 구조에 대해 이해한다.
- 리피터와 허브를 이해한다.

물리 계층의 역할

OSI 7 계층에서 최하위에 위치한 **물리 계층은 컴퓨터들을 물리적으로 연결하거나 데이터를 전기 신호로 변환하고 제어하는 역할을 담당합니다.**

그렇다면 전기 신호란 무엇일까요? 전기 신호는 전압이 일정한 패턴으로 변하여 생기는 일련의 흐름입니다. 쉽게 말하면 전압의 변화에 의한 신호라고 할 수 있죠. 2대의 컴퓨터는 이러한 전기 신호들을 주고받음으로써 사진이나 문서 등을 주고받을 수 있습니다.

데이터를 주고받기 위한 전기 신호에는 두 종류가 있습니다. 바로 아날로그 신호와 디지털 신호인데요. **아날로그 신호는 빛, 소리 등과 같이 연속적으로 변하는 물결 모양의 신호로서 주로 유선** 전화나 라디오 방송에서 사용됩니다.

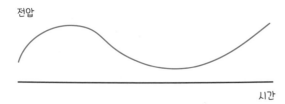

그림 3-1 | 아날로그 신호

반면에 **디지털 신호는 특정한 값을 기준으로 불연속적으로 변하는 막대 모양의 신호입니다.** 우리가 많이 사용하는 컴퓨터나 스마트폰에서 사용하는 신호가 디지털 신호입니다.

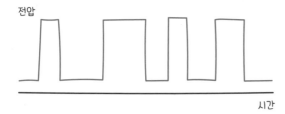

그림 3-2 | 디지털 신호

우리는 주로 디지털 신호를 사용합니다. 이 디지털 신호를 이용해서 어떻게 데이터를 전달하는 걸까요? 앞에서 물리 계층의 데이터는 비트라고 불렀던 것을 기억하나요? 비트란 컴퓨터가 데이터를 처리하는 최소 단위로서 0과 1로 구성된다고 배웠습니다. 결국 모든 데이터를 0과 1로 표현하면 될 텐데, 디지털 신호에서는 다음과 같이 올라가는 막대를 1로 표현하고 평면인 곳을 0으로 표현합니다.

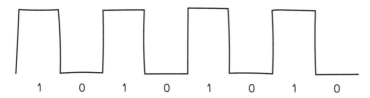

그림 3-3 | 디지털 신호에서 0과 1 표현

정리하면 다음과 같은 그림으로 표현할 수 있습니다. 송신자가 수신자에게 '나에게 network.docx 파일을 보내줘!'라는 메시지를 보내고 싶다면 ① 먼저 문장을 0과 1의 비트로 변환하고 ② 해당 비트를 전기 신호로 변환한 후 ③ 수신자에게 (디지털 신호로) 전달합니다. 마지막으로 ④ 수신자 측에서는 전기 신호가 다시 0과 1의 비트로 변환됩니다(물론 이후에는 인간의 언어로 변환됩니다).

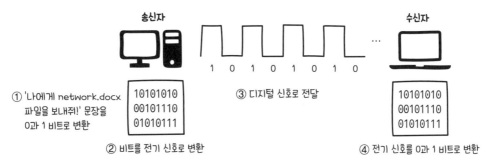

그림 3-4 | 데이터를 디지털 신호로 송/수신

이 시점에서 중요한 질문을 해볼 수 있는데요. '나에게 network.docx 파일을 보내줘!'라는 메시지는 어떻게 그리고 어디서 전기 신호로 변환되는 것일까요?

이 역할을 하는 것이 랜 카드(LAN Card)라는 장치입니다. 1장에서 이미 '랜(LAN)'이란 용어를 배웠습니다. 2대 이상의 컴퓨터가 통신하기 위해 랜이라는 네트워크 환경이 필요하다고 했습니다. **랜 카드는 내 컴퓨터와 인터넷을 연결하는 필수 장치입니다.** 그래서 다음 그림과 같이 랜 카드에는 랜 케이블을 연결할 수 있는 구멍(랜 포트라고 합니다)이 있는 것이죠. 따라서 랜 카드는 데이터가 내 컴퓨터 밖으로 나가는 출발점이라고 할 수 있습니다.

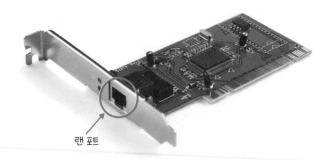

랜 포트

그림 3-5 | 랜 카드

랜 카드에 대해 알아봤으니 바로 이어서 케이블에 대해서도 알아보겠습니다.

케이블의 종류와 구조

NETWORK FOR EVERYONE

랜 카드가 0과 1의 비트를 전기 신호로 변환하여 밖으로 내보내는 출발점이라면, 케이블은 그 신호를 전달하는 역할을 합니다. 즉, **케이블(cable)은 컴퓨터, 서버, 라우터 및 다른 네트워크 장치 간에 데이터 신호를 전달하는 역할을 합니다.**

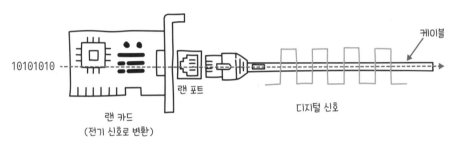

10101010

랜 포트

케이블

디지털 신호

랜 카드
(전기 신호로 변환)

그림 3-6 | 랜 카드와 케이블

케이블에 대해 좀 더 알아봅시다. 케이블은 일반적으로 구리선(copper cable)이나 광섬유[1]로 구성되며 내부 전선의 종류 및 구성에 따라 다양한 종류가 있습니다. 먼저 TV 케이블로 많이 사용되는 동축 케이블이 있습니다. 동축 케이블은 중앙의 구리선에 흐르는 전기 신호로 데이터를 주고받습니다.

그림 3-7 | 동축 케이블

---

1 빛 신호를 전달하는 가느다란 유리 또는 플라스틱 섬유의 일종입니다.

컴퓨터에서 사용되는 꼬임선 또는 이중나선 케이블(Twisted Pair Cable)도 있습니다. 꼬임선 케이블은 말 그대로 몇 개의 전선을 꼬아서 만든 것입니다.

그림 3-8 | 꼬임선 케이블

꼬임선 방식을 사용하는 케이블로는 UTP, FTP, STP가 있습니다.

UTP(Unshielded Twisted Pair) 케이블은 감싸지 않은(Unshield) 쌍으로 꼬인 선(Twisted Pair) 이라는 뜻입니다. 그런데 왜 굳이 전선을 꼬아서 사용하는 걸까요? 일반적으로 전선에 전류가 흐를 때 전파 간섭이 생기게 되는데 이 간섭을 줄이기 위해 전선을 꼬아서 사용합니다.

그림 3-9 | UTP 꼬임 방식과 UTP 케이블

FTP(Foiled Twisted Pair) 케이블은 알루미늄 은박이 네 가닥의 전선을 감싸고 있는 케이블입니다. UTP 케이블에 비해 절연[2] 기능이 좋기 때문에 공장의 배선 용도로 많이 사용됩니다.

그림 3-10 | FTP 꼬임 방식과 FTP 케이블

마지막으로 STP(Shielded Twisted Pair) 케이블은 케이블 겉면에 외부 피복[3]이 추가된 것을 의미합니다. 이 피복을 '실드'라고 하는데, 실드는 외부의 잡음을 차단하거나 전기적 신호의 간섭을 줄이는 용도로 사용됩니다. 따라서 가격도 UTP 케이블에 비해 비쌉니다.

그림 3-11 | STP 꼬임 방식과 STP 케이블

---

2 전기 및 열이 통하지 않게 하는 것을 말합니다.
3 물건을 보호하기 위해 겉을 씌운 것을 말합니다.

공장에서 많이 사용되는 FTP를 제외한 UTP와 STP가 컴퓨터끼리 통신하는 데 주로 사용되는 랜 케이블입니다. 앞에서 언급했듯이 STP는 잡음을 차단하기 때문에 데이터를 더 정확히 전달할 수 있습니다. 참고로 잡음이 섞이면 다음과 같이 신호가 왜곡되게 됩니다.

디지털 신호

잡음이 섞인 디지털 신호

그림 3-12 | 잡음으로 인한 신호의 왜곡

리피터와 허브가 통신하는 방법

NETWORK FOR EVERYONE

물리 계층에서 사용하는 장비로는 리피터와 허브가 있습니다.

1 리피터

먼저 리피터부터 알아보겠습니다. **리피터(Repeater)는 전기 신호를 증폭하는 기능을 가진 네트워크 장치입니다.** 전기 신호를 전송할 때 거리가 멀어지면 신호가 감쇠⁴되는 성질이 있는데 이때 감쇠된 신호를 재생하여 전달하는 장치가 리피터입니다. 요즘에는 리피터를 볼 수 없는데 이 기능을 허브라는 장치에서 대신해주기 때문입니다.

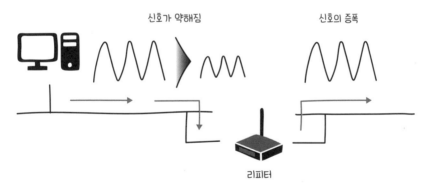

그림 3-13 | 리피터

---

4 신호 감쇠는 전기적 또는 전자적 신호가 전달되는 동안 발생하는 에너지 손실을 의미합니다. 이러한 감쇠는 신호가 전송 매체(예 전선, 광섬유 케이블, 공기 등)를 통해 이동할 때 발생합니다.

2 허브

허브는 리피터의 확장 버전이라고 이해하면 쉽습니다. 즉, **허브(Hub)는 전송되는 데이터 신호를 정형[5]하고 증폭하여 데이터 왜곡을 보정하며, 하나의 입력 신호를 여러 디바이스로 복제하여 데이터 분배 및 네트워크 확장을 지원**합니다. 또한, 데이터 충돌을 처리하여 데이터를 정상적으로 전달하도록 돕습니다.

그림 3-14 | 허브

리피터가 일대일 통신만 가능하다면 허브는 포트를 여러 개 가지고 있기 때문에 여러 대의 컴퓨터와 연결할 수 있습니다. 그래서 요즘에는 리피터 대신 허브를 사용하고 있습니다.

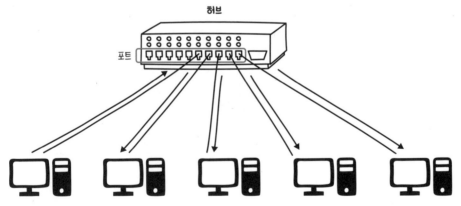

그림 3-15 | 허브에 연결된 컴퓨터들

---

5 일그러진 전기 신호를 복원하는 것을 말합니다.

허브는 다음과 같은 특징이 있습니다.

- 각각의 컴퓨터가 허브로 데이터를 보낼 수 있습니다.
- 그러면 허브에 연결된 모든 컴퓨터가 데이터를 받습니다. 이와 같이 허브는 특정 컴퓨터를 지정하여 데이터를 보낼 수 없다고 하여 '더미 허브(Dummy Hub)'라고도 부릅니다.

참고로 컴퓨터와 허브는 앞에서 배웠던 UTP나 STP 케이블을 사용해 연결합니다.

지금까지 OSI 7 계층 중에서 1계층에 대해 알아보았습니다. 지금까지 배운 것을 요약하면, 1계층에서는 랜 카드를 이용해서 데이터를 전기 신호로 변환한 후 케이블을 통해 데이터를 전송합니다. 이때 디지털 신호를 이용하고요. 또한 1계층에서 사용하는 장비로는 리피터와 허브가 있으며 요즘에 리피터는 잘 사용하지 않습니다.

복습하기

NETWORK FOR EVERYONE

3장은 어땠나요? 지금까지 배운 내용을 복습할 수 있도록 연습 문제와 용어 정리를 준비했습니다. 꼭 풀어보세요.

 연습 문제

( ) 안에 알맞은 단어를 넣어주세요.

1. (   )는 전압이 일정한 패턴으로 변하여 생기는 일련의 흐름입니다.

2. (   )는 막대 모양의 신호로, 특정한 값을 기준으로 불연속적으로 변하는 신호입니다.

3. 네트워크 환경에 내 컴퓨터와 인터넷을 연결하는 장치를 (   )라고 합니다.

4. (   )은 일반적으로 보호 외피나 외장 안에 2개 이상의 전선이나, 광섬유로 묶여 있는 것을 말합니다.

5. 꼬임선 또는 이중나선 방식을 사용하는 케이블로는 (   ), (   ), (   )가 있습니다.

6. 리피터와 마찬가지로 전기 신호를 정형하고 증폭하는 기능을 하는 것을 (   )라고 합니다.

2 용어 정리

Lesson 10~12에서 배운 핵심 용어를 정리합니다.

- **전기 신호**: 전기 신호는 전압이 일정한 패턴으로 변하여 생기는 일련의 흐름입니다.

- **랜 카드(LAN Card)**: 랜 카드는 네트워크 환경에 내 컴퓨터와 인터넷을 연결하는 필수 장치입니다.

- **케이블(Cable)**: 보호 외피나 외장 안에 2개 이상의 전선이나, 광섬유로 묶여 있는 선을 말합니다.

- **리피터(Repeater)**: 리피터는 전기 신호를 정형하고 증폭하는 기능을 가진 네트워크 장비입니다.

- **허브(Hub)**: 허브는 리피터와 마찬가지로 전기 신호를 정형하고 증폭하는 기능을 합니다. 하나의 입력 신호를 여러 디바이스에 복제하여 데이터를 전달합니다.

MEMO

4장

[초급편]
네트워크 구조 이해하기

데이터 링크 계층, MAC 주소로 통신하는 단계

이 장에서는 OSI 7 계층 중 데이터 링크 계층에
대해 설명합니다.

이 장의 목표

• 데이터 링크 계층의 역할을 이해한다.
• 이더넷의 특징에 대해 이해한다.
• MAC 주소를 이해한다.
• 스위치를 이해한다.
• 전송 방향에 따른 통신 방식을 이해한다.

LESSON 13

데이터 링크 계층의 역할

NETWORK FOR EVERYONE

데이터 링크 계층은 네트워크에서 데이터를 관리하고 전달하는 계층으로, 데이터 전송의 신뢰성과 효율성에 중요한 역할을 합니다. 데이터 링크 계층은 데이터를 작은 프레임 단위로 분할하고, MAC 주소를 활용하여 장비를 식별합니다. 그런데 네트워크에서 여러 기기가 동시에 데이터를 전송하려고 하면 신호 충돌이 발생합니다. 이 상황에서 데이터를 동시에 전송하면 여러 데이터가 충돌하게 되어 제대로 전달되지 않습니다. 데이터 링크 계층은 오류를 탐지하고 수정하는 역할을 하며, 데이터의 원활한 흐름과 네트워크 매체에서 충돌 관리도 수행합니다. 데이터 링크 계층에서 오류를 감지하거나 수정하는 방식으로는 회선 제어, 오류 제어, 흐름 제어가 있습니다.

1 회선 제어

회선 제어는 오류를 감지하기보다는 회피하는 방법으로 신호 간 충돌 현상이 발생하지 않도록 제어합니다. 그러기 위해 신호의 시작을 의미하는 ENQ(Enquiry)와 끝을 의미하는 EOT(End of Transmission)를 명시적으로 지정합니다. 수신자는 송신자로부터 신호를 받으면 '응! 잘 받았어'라는 의미의 ACK(Acknowledgment)를 송신자에게 보내서 신호를 정상적으로 수신하였음을 알려줍니다. 이러면 신호 간 충돌을 피할 수 있습니다.

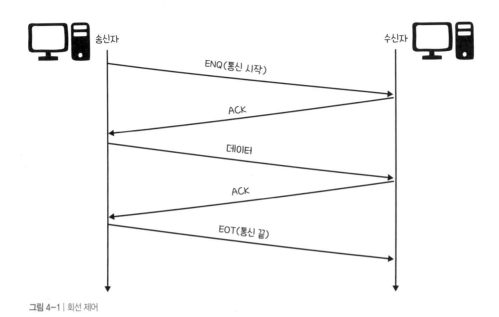

그림 4-1 | 회선 제어

2 오류 제어

오류 제어는 송수신 데이터가 외부 간섭, 시간 지연 등에 의해 데이터가 변형되거나 순서가 어긋나는 등의 통신 장애가 발생하지 않도록 오류를 검출하고 정정하여 통신에 대한 신뢰성을 확보하는 방법입니다. 오류 검사로 사용되는 것 중에 패리티 검사라는 것이 있습니다.

패리티 검사(parity check)는 수신자에게 보내는 최종 데이터의 1의 개수를 짝수 개로 보낼지(even parity), 홀수 개로 보낼지(odd parity) 송·수신자가 미리 약속하고 여분의 비트(패리티 비트)를 채워 보내는 방법입니다. 예를 들어 송·수신자가 1을 짝수 개 보내겠다고 미리 약속 합니다. 그리고 데이터에 1이 4개라면 남은 비트(패리티 비트)에 0을 추가해서 보내는 것입니다. 그러면 송수신에 사용된 데이터가 문제없음을 보증할 수 있습니다.

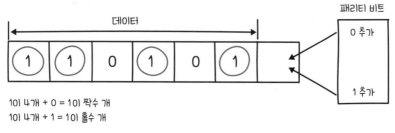

10| 4개 + 0 = 10| 짝수 개
10| 4개 + 1 = 10| 홀수 개

그림 4-2 | 패리티 검사

패리티 검사 외에도 CRC(Cyclic Redundancy Check)나 검사합(Checksum) 등의 방식도 있습니다. CRC는 데이터에 CRC 코드를 추가하여 오류를 감지하는 방법으로, 송신자가 CRC 코드를 생성하고 수신자 측에서도 동일한 계산을 수행하여 일치 여부를 확인합니다. 검사합은 데이터의 각 바이트 값을 더하거나 연산하여 생성되는 값입니다. 송신자가 데이터와 관련된 검사합을 계산하고 수신자 측에서도 동일한 계산을 수행합니다. 두 검사합 값이 일치하면 데이터가 오류 없이 전송된 것으로 간주됩니다. 또한 오류가 발생한 경우 이를 정정하는 방법으로는 해밍 코드(Hamming code)가 있습니다. 해밍 코드는 데이터에 추가적인 패리티 비트를 포함시킵니다. 이 패리티 비트들은 데이터 비트와 조합되어 특별한 방식으로 구성됩니다. 패리티 비트들을 분석하여 오류가 발생한 비트를 식별하고, 해당 비트의 값을 수정함으로써 오류를 정정합니다.

 ## 흐름 제어

흐름 제어는 송신자와 수신자의 데이터 처리 속도 차이를 해결하기 위해 수신자 상황에 따라 송신자의 데이터 전송량을 조정하는 방법입니다. 흐름 제어로 사용되는 방법 중 하나가 정지-대기(Stop & Wait)입니다. 송신자가 하나의 데이터를 전송한 후 다음 데이터를 전달하기 전에 확인 응답을 기다리는 방법이죠.

예를 들어 다음 그림과 같이 수신자가 ACK라는 메시지를 송신자에게 전달해야만 다음 데이터를 보내는 방법입니다.

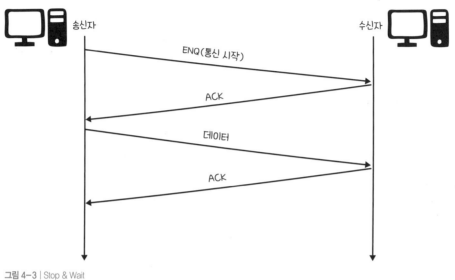

그림 4-3 | Stop & Wait

참고로 오류 제어와 흐름 제어는 6장에서 배울 전송 계층에서도 사용됩니다.

지금까지 데이터 링크 계층의 역할에 대해 알아봤습니다. 이제부터는 데이터 링크 계층에서 사용되는 네트워크 구조인 이더넷에 대해 알아봅시다.

이더넷

이더넷(Ethernet)이란 다수의 컴퓨터, 허브, 스위치 등을 하나의 인터넷 케이블에 연결한 네트워크 구조입니다. 1장에서 설명했던 랜과 왠에서도 이더넷을 사용하기 때문에 일반적인 인터넷 환경에서 사용하는 기술이라고 할 수 있습니다.

이더넷은 CSMA/CD(Carrier Sense Multiple Access/Collision Detection)라고 하는 프로토콜을 사용합니다. CSMA/CD 방식을 이해하려면 다음 상황을 먼저 설명해야 할 듯합니다. 다음 그림과 같이 3대의 컴퓨터가 허브에 묶여 있습니다. 그중 ① 컴퓨터 A가 컴퓨터 B에게 network.docx라는 파일을 보내려고 하며, 동시에 ② 컴퓨터 C는 컴퓨터 B에게 security.docx를 보내려고 합니다. 이와 같이 2대의 컴퓨터가 동시에 데이터를 보내면 어떻게 될까요?

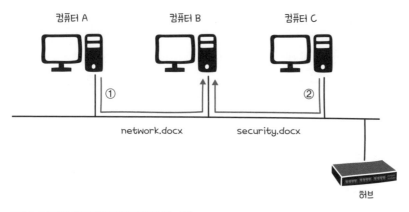

그림 4-4 | 2대의 컴퓨터에서 동시에 데이터를 받는 상황

이처럼 **2대 이상의 컴퓨터가 동시에 데이터(프레임)를 보내는 상황을 충돌(collision)이라고 합니다.**

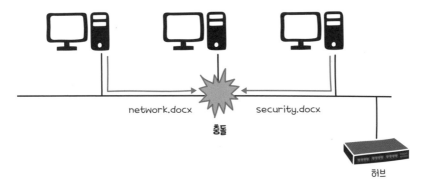

network.docx   security.docx

충돌

허브

그림 4-5 | 충돌

이러한 **충돌 현상을 방지하기 위해 이더넷에서는 전류의 강도를 확인해 케이블이 사용 중인지 확인하**
는 CSMA/CD 방식을 사용합니다. 즉, 송신 전에 케이블이 사용 가능한지 확인하고(Carrier
Sense), 사용 가능하면 데이터를 전송(Multiple Access)합니다. 또한 전송 후에도 여전히 발생
할 수 있는 충돌을 확인(Collision Detection)하는 것이 CSMA/CD 방식입니다. 한마디로 각
각의 컴퓨터는 데이터를 보내기 위해 눈치 게임을 하고 있는 것이죠.

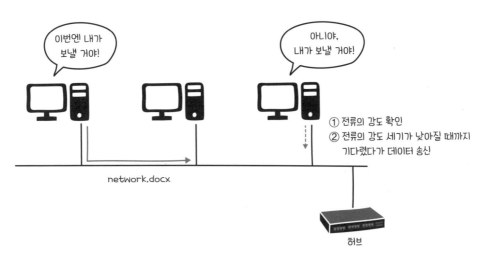

이번엔 내가
보낼 거야!

아니야,
내가 보낼 거야!

① 전류의 강도 확인
② 전류의 강도 세기가 낮아질 때까지
   기다렸다가 데이터 송신

network.docx

허브

그림 4-6 | CSMA/CD

눈치 게임은 어떻게 가능한가?

케이블이 사용 가능한지 확인함으로써 충돌을 방지하는 방식에는 다음과 같이 3가지가 있습니다.

① 1-persistent

이 방식은 케이블이 사용 중인지 상태를 계속 확인하다가 아무도 사용하지 않는 상태이면 바로 데이터를 전송합니다. 하지만 동시에 다른 컴퓨터에서도 데이터를 보낼 가능성이 높기 때문에 충돌 위험성이 가장 높기도 하죠.

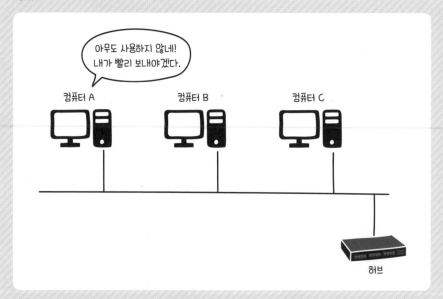

그림 4-7 | 1-persistent

② nonpersistent

이 방식은 누구도 케이블을 사용하고 있지 않다면 데이터를 바로 보내고 그렇지 않고 누군가 사용 중이라면 임의의 시간을 기다렸다가 상태를 다시 확인합니다. 따라서 1-persistent보다는 충돌 위험이 낮습니다.

● 계속

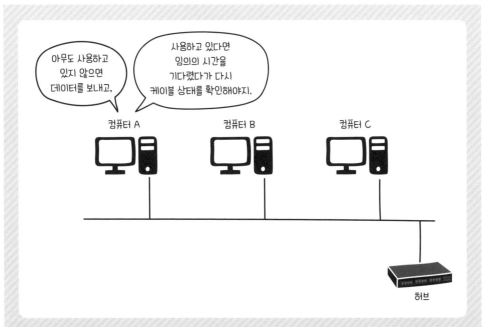

그림 4-8 | nonpersistent

③ p-persistent

이 방식은 1-persistent와 nonpersistent의 결합이라고 이해하면 됩니다. 케이블이 사용 중이면 기다렸다가 다시 상태를 확인하고 아무도 사용하고 있지 않다면 일정 확률로 데이터를 전송합니다.

그림 4-9 | p-persistent

하지만 현재 CSMA/CD는 잘 사용하지 않는 기술입니다. OSI 7 계층 중 2계층에 해당하는 스위치 장비가 그 역할을 대신하고 있기 때문이죠.

OSI 7의 2계층에서 사용되는 이더넷은 MAC 주소를 이용하여 컴퓨터 간에 통신을 하는데요. 바로 이어지는 Lesson에서 MAC 주소에 대해 알아보겠습니다.

MAC 주소

MAC(Media Access Control) 주소는 랜 카드에 할당된 값이며, 전 세계에서 하나밖에 존재하지 않는 고유한 값입니다. MAC 주소는 48비트로 표현되는데 상위 24비트는 OUI(Organizational Unique Identifier)라고 해서 랜 카드 제조사에 부여된 코드이며, 이후 24비트는 UAA (Universally Administered Address)라고 하여 제조사가 랜 카드에 부여한 고유 번호입니다.

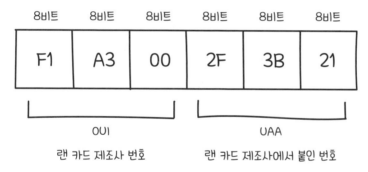

그림 4-10 | MAC 주소

MAC 주소는 8비트 단위로 콜론(:)이나 하이픈(-)을 사용해 16진수로 표기합니다.

1C-1B-B5-08-A4-26

그럼 MAC 주소가 어디에 어떻게 사용되는지 좀 더 알아볼까요? 컴퓨터가 데이터를 보낼 때 OSI 7 계층의 2계층에서는 어떤 일들이 발생할까요? 바로 MAC 주소를 헤더에 넣어 프레임을 생성합니다. 이때 헤더에 추가되는 MAC 주소는 송신자의 MAC 주소만 포함되는 것은 아닙니다. 다음과 같이 수신자의 MAC 주소도 함께 프레임에 추가됩니다. 즉, 수신자의 MAC 주소에 대한 정보 획득이 필요합니다.

또한, 유형이라는 정보도 추가되는데 이것은 프로토콜을 나타냅니다. 프로토콜의 종류에는 IPv4, ARP, IPv6 등이 있습니다. IPv4는 현재 우리가 사용하는 32비트의 일반적인 IP 주소를 의미하며, IPv6는 IPv4의 주소 부족 문제를 해결하기 위해 등장한 128비트의 IP 주소입니다. ARP는 IP 주소와 MAC 주소를 매핑해주는 프로토콜입니다.

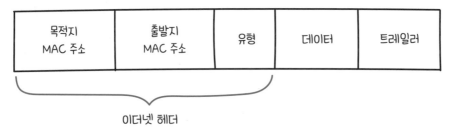

그림 4-11 | 프레임

내(출발지) MAC 주소는 당연히 알고 있는 정보라 해도, 상대방(목적지)의 MAC 주소는 어떻게 알 수 있을까요? 전화를 걸어서 '너의 MAC 주소를 알려줄래?'라고 물어봐야 할까요? 그렇지는 않습니다. 이때 사용하는 것이 ARP입니다. ARP 프로토콜은 IP 주소에 해당하는 MAC 주소를 알고자 할 때 사용합니다. 즉, **ARP(Address Resolution Protocol)는 IP 주소와 MAC 주소를 매핑하기 위한 프로토콜입니다.** 예를 들어 다음 상황을 가정해보겠습니다.

> 컴퓨터 A(IP 주소: 192.168.0.2)가 컴퓨터 B(IP 주소: 192.168.0.3)에게 데이터를 전송하려고 합니다.

ARP를 이용해서 MAC 주소를 알아내는 과정은 다음과 같습니다.

① 컴퓨터 A는 같은 허브에 묶여 있는 모든 컴퓨터에게 192.168.0.3이라는 IP 주소의 MAC 주소를 묻습니다. 이렇게 **모든 컴퓨터에게 질의하는 것을 브로드캐스트(Broadcast)라고** 하며, **MAC 주소를 묻는 것을 ARP 요청(ARP Request)이라고** 합니다.

② 그러면 모든 컴퓨터는 자신의 IP를 192.168.0.3과 비교합니다. 결국 192.168.0.3 IP를 사용하는 컴퓨터 B가 컴퓨터 A의 요청에 응답할 텐데, 이때 컴퓨터 B의 MAC 주소를 전

달합니다. 이것을 ARP 응답(ARP Reply)라고 합니다. 이후 컴퓨터 A는 컴퓨터 B의 IP와 MAC 주소를 메모리에 저장하는데 이것을 ARP 테이블(ARP Table)이라고 합니다. 앞으로 컴퓨터 A가 컴퓨터 B와 통신하고자 할 때에는 일일이 물어보는 것이 아니라 자신의 ARP 테이블을 참조합니다.

③ 이제 컴퓨터 A는 컴퓨터 B의 MAC 주소를 알게 되었으므로 2대의 컴퓨터는 통신이 가능한 상태가 됩니다.

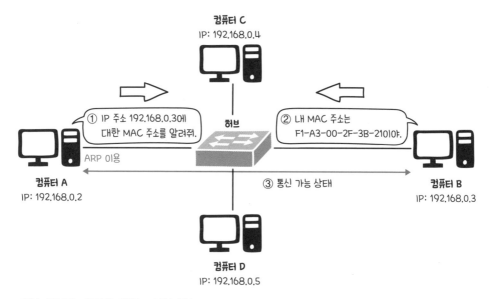

그림 4-12 | ARP 프로토콜을 이용한 MAC 주소 확인

이렇게 얻은 ARP 테이블은 명령 프롬프트 창에서 arp -a 명령어로 확인할 수 있습니다.

그림 4-13 | MAC 주소 확인 방법

이때 중요한 것은 MAC 주소 확인은 랜 환경(예 우리 집이나 학교에서만) 내에서만 가능하다는 것입니다. 그렇다고 왠 환경에서 MAC 주소를 확인할 수 없는 것은 아닙니다. 단지 다음 그림과 같이 왠 환경에서의 MAC 주소는 라우터 장비를 거쳐야만 확인할 수 있습니다.

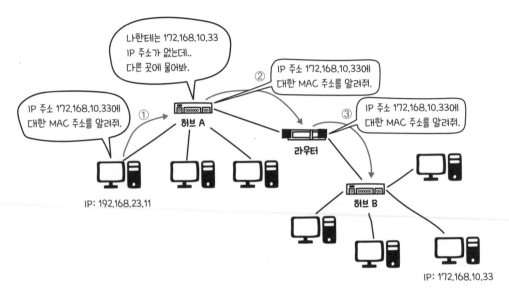

그림 4-14 | 랜 환경 간의 MAC 주소 확인

앞의 그림을 보면, 172.168.23.11이라는 IP 주소를 갖는 컴퓨터가 172.168.10.33이라는 IP 주소의 MAC 주소를 확인하고자 할 때 가장 먼저 허브 A에게 질의합니다(정확히는 스위치를 이용할 텐데, 아직까지는 스위치를 배우지 않았기 때문에 허브라는 장비를 이용하겠습니다). 이후 허브 A는 라우터에게 172.168.10.33의 MAC 주소를 질의하면 라우터는 또다시 허브 B에게 동일한 질의를 함으로써 최종 MAC 주소를 확인하게 되는 것이죠.

다음 Lesson에서 스위치에 대해 알아보겠습니다.

LESSON 16
스위치의 구조

NETWORK FOR EVERYONE

데이터 링크 계층에서 사용되는 장비인 스위치의 구조 및 대표적인 기능인 MAC 테이블 관리에 대해 알아봅니다.

 스위치 구조

스위치의 기능은 3장에서 배웠던 허브와 크게 다르지 않습니다. 허브의 경우 다음 그림과 같이 컴퓨터에서 데이터를 보내면 허브에 물려 있던 모든 컴퓨터에 그 데이터가 전송됩니다.

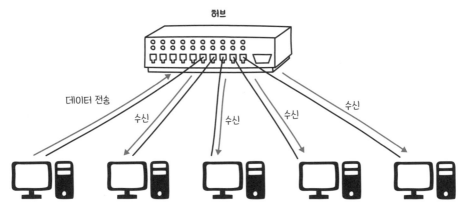

그림 4-15 | 허브의 동작 방식

하지만 생각해보면 이것은 꽤 비효율적인 방법입니다. 데이터를 받아야 하는 컴퓨터에게만 데이터가 전달되면 충분하니까요. 이런 상황이 가능하려면 스위치라는 장비가 필요합니다.

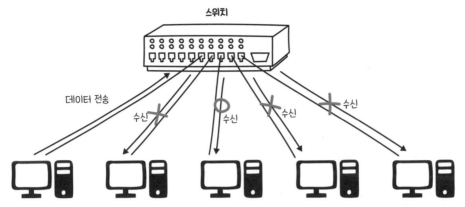

그림 4-16 | 스위치 동작 방식

스위치는 소규모 네트워크 안에서 컴퓨터, 프린터 등 모든 장치를 서로 연결해서 데이터를 쉽게 공유할 수 있도록 하는 장비입니다. 이를 위해 스위치는 다음 그림과 같이 여러 개의 포트로 구성되어 있습니다.

그림 4-17 | 스위치

 스위치에서 MAC 테이블 관리하기

스위치는 허브와 같이 컴퓨터나 프린터 등을 연결하여 데이터를 공유하는 것 외에 또 다른 기능이 있습니다. 바로 스위치 포트에 연결된 컴퓨터의 MAC 주소를 관리하는 것이죠. 예를 들어 다음 그림과 같이 '1번 포트의 MAC 주소는 무엇이다'라는 형태의 테이블(표)로 관리하는데, 이것을 MAC 테이블이라고 합니다.

MAC 테이블

MAC 주소	포트
f1-a3-00-2e-31-1b	1
00-0a-1e-42-4d-3b	2
	3
	4
00-09-12-ee-21-6f	5
	6

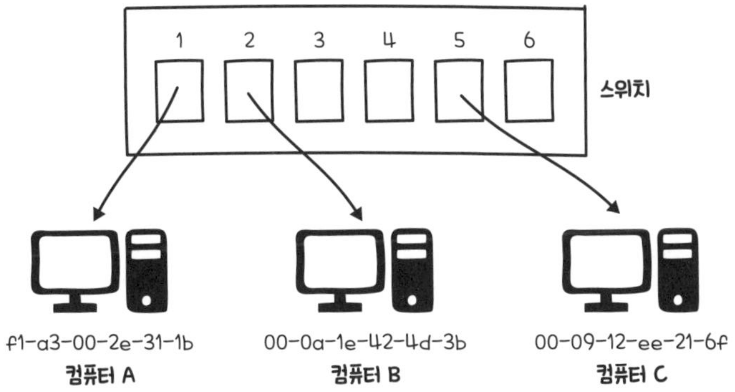

그림 4-18 | 스위치에서의 MAC 주소 관리

스위치가 처음부터 모든 컴퓨터의 MAC 주소를 가지고 있는 것은 아닙니다. 따라서 가장 먼저 해야 할 일은 MAC 테이블에 필요한 컴퓨터의 MAC 주소를 추가하는 것입니다. 그 방법은 다음과 같습니다.

① 컴퓨터 A는 컴퓨터 C와 통신을 시도합니다.

② 스위치는 자신의 MAC 테이블에 컴퓨터 C의 MAC 주소가 없다는 것을 확인합니다. 이후 컴퓨터 A가 보낸 데이터를 컴퓨터 B, 컴퓨터 C, 컴퓨터 D에 보냅니다. 이와 같이 **스위치에 물려 있는 모든 컴퓨터에 데이터를 보내는 것을 플러딩(Flooding)이라고 합니다.**

③ 컴퓨터 B, 컴퓨터 C, 컴퓨터 D가 스위치에 응답하면서 자신의 MAC 주소를 알려줍니다. 이제 스위치는 이렇게 받은 MAC 주소를 MAC 테이블에 업데이트합니다.

④ 이제 스위치는 컴퓨터 C의 MAC 주소를 컴퓨터 A에게 알려줍니다. 이후 2대의 컴퓨터가 서로 통신을 합니다.

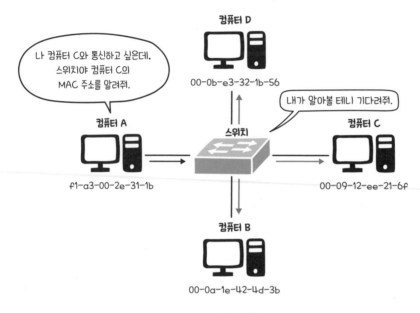

컴퓨터 D
00-0b-e3-32-1b-56

나 컴퓨터 C와 통신하고 싶은데, 스위치야 컴퓨터 C의 MAC 주소를 알려줘.

내가 알아볼 테니 기다려줘.

컴퓨터 A

스위치

컴퓨터 C

f1-a3-00-2e-31-1b

00-09-12-ee-21-6f

컴퓨터 B
00-0a-1e-42-4d-3b

MAC 테이블

MAC 주소	포트
f1-a3-00-2e-31-1b	1
00-0a-1e-42-4d-3b	2
	3
	4

그림 4-19 | MAC 테이블을 관리하는 방법

업데이트된 MAC 테이블은 다음처럼 이용합니다.

① 컴퓨터 A는 컴퓨터 C에 데이터를 보내고자 합니다. 이때 컴퓨터 A의 ARP 테이블에 컴퓨터 C의 MAC 주소가 있다면 그것을 이용하겠지만 없다면 스위치에게 질의를 합니다. 여

기서는 컴퓨터 A 자신의 ARP 테이블에 컴퓨터 C의 MAC 주소가 없다고 가정하겠습니다.

② 그러면 스위치가 자신의 MAC 테이블에서 컴퓨터 C의 MAC 주소를 확인한 후 컴퓨터 A
에게 전달합니다.

③ 이제 컴퓨터 A와 컴퓨터 C가 서로 통신하면 되므로 컴퓨터 A의 질의는 더 이상 컴퓨터 B,
컴퓨터 D에게 전달되지 않습니다. 이것을 **MAC 주소 필터링(Filtering)**이라고 합니다.

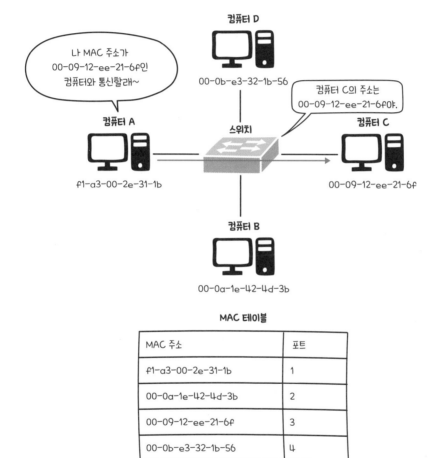

MAC 테이블

MAC 주소	포트
f1-a3-00-2e-31-1b	1
00-0a-1e-42-4d-3b	2
00-09-12-ee-21-6f	3
00-0b-e3-32-1b-56	4

그림 4-20 | MAC 테이블 사용하기

지금까지 스위치의 기능에 대해 알아봤습니다. 다음으로 데이터 전송 방향에 따른 통신 방
식에 대해 알아보겠습니다.

전송 방향에 따른 통신 방식

NETWORK FOR EVERYONE

앞에서 2대의 컴퓨터가 동시에 데이터를 보내는 현상을 충돌이라고 했습니다. 이러한 현상이 발생하는 이유는 컴퓨터 간에 단방향 통신을 하기 때문입니다. **단방향 통신(Simplex Transmission)은 선로가 하나만 있어서 일방 통행만 가능합니다.** 일방적으로 데이터를 전송하는 TV, 라디오에서 주로 사용하는 방식입니다. 네트워크에서는 이 선로를 **채널(Channel)**이라고 합니다.

송신자   채널   수신자

그림 4-21 | 단방향 통신

그런데 생각해보면 이 방법은 상당히 비효율적입니다. 한 번에 여러 개 데이터를 주고받으면 더 효율적이니까요. 그래서 등장한 것이 양방향 통신입니다. **양방향 통신(Duplex Transmission)은 하나의 통신 채널에서 송수신이 모두 가능한 방식**으로, 반이중 방식과 전이중 방식 2가지 종류가 있습니다.

반이중(Half Duplex) 방식은 양쪽 방향에서 통신이 가능하지만 동시에 통신할 수는 없습니다. 다음 그림과 같이 한쪽에서 데이터를 보내면 다른 쪽에서는 수신만 가능합니다. 송신과 수신을 번갈아가며 통신하기 때문에 데이터 전송 속도가 빠르며, 주로 허브에서 사용하는 방식입니다. 그런데 채널을 하나만 사용하기 때문에 속도는 조금 빨라졌을지 몰라도 충돌 문제는 여전히 남아 있습니다. **참고로 충돌이 발생할 때 그 영향이 미치는 범위를 충돌 도메인(Collision Domain)**이라고 합니다. 예를 들어, 하나의 허브에 컴퓨터들이 연결되어 있다면 여기에 연결된 모든 컴퓨터가 충돌 도메인이 됩니다.

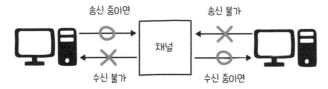

그림 4-22 | 반이중 방식

반이중 방식은 양방향 통신이 가능하지만 여전히 동시 통신이 불가능하기 때문에 충돌 현상은 피할 수 없습니다. 그래서 이러한 반이중 방식의 단점을 극복하기 위해 등장한 것이 전이중 방식입니다. **전이중(Full Duplex) 방식은 채널을 2개 두어서 양쪽 방향에서 동시에 데이터를 주고받을 수 있는 방식이며 스위치에서 사용됩니다.** 전이중 방식의 경우 채널을 2개 사용하기 때문에 앞에서 배웠던 충돌 문제를 해결할 수 있습니다.

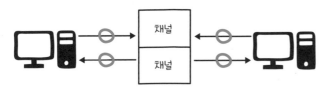

그림 4-23 | 전이중 방식

지금까지 배운 것을 요약해볼까요? 데이터 링크 계층에서는 MAC 주소를 이용하여 통신을 하게 되며 MAC 주소는 스위치라는 장치에 의해 관리됩니다. 이 정도로 기억하고 5장에서는 OSI 7 계층의 다음 계층인 네트워크 계층에 대해 배워보겠습니다.

복습하기

4장은 어땠나요? 지금까지 배운 내용을 복습할 수 있도록 연습 문제와 용어 정리를 준비했습니다. 꼭 풀어보세요.

 연습 문제

( ) 안에 알맞은 단어를 넣어주세요.

1. 링크 계층에서 오류를 감지하거나 수정하는 방식으로는 (　　), (　　), (　　)가 있습니다.

2. (　　　)는 수신자 측으로 보내는 최종 데이터에서 1의 개수를 짝수 개로 보낼지(even parity), 홀수 개로 보낼지(odd parity) 송·수신자 측과 미리 약속하고, 남은 비트(패리티 비트)를 채워 보내는 것입니다.

3. (　　　)는 송신자와 수신자의 데이터 처리 속도 차이를 해결하기 위해 수신자의 상황에 따라 송신자의 데이터 전송량을 조절하는 방법입니다.

4. 2대 이상의 컴퓨터가 동시에 데이터(프레임)를 보내는 상황을 (　　　)이라고 합니다.

5. MAC 주소는 (　　)와 (　　)로 이루어집니다.

6. (　　)는 IP 주소를 MAC 주소로 대응시키기 위해 사용됩니다.

7. (　　)은 스위치에 연결된 장비들의 MAC 주소를 관리(등록/수정)합니다.

8. 스위치에 물려 있는 모든 컴퓨터에 데이터를 보내는 것을 (　　)이라고 합니다.

9. 송·수신자 간의 통신을 위한 선로를 (　　)이라고 합니다.

정답

1. 회선 제어, 오류 제어, 흐름 제어
2. 패리티 검사
3. 흐름 제어
4. 충돌
5. OUI, UAA
6. ARP
7. MAC 테이블
8. 플러딩
9. 채널

 2 용어 정리

Lesson 13~17에서 배운 핵심 용어를 정리합니다.

- **이더넷(Ethernet)**: 이더넷이란 하나의 인터넷 회선에 허브, 스위치 등을 연결하고, 이후 여기에 다수의 컴퓨터를 또다시 연결한 네트워크 구조입니다.

- **CSMA/CD(Carrier Sense Multiple Access/Collision Detection)**: CSMA/CD는 전류의 강도를 통해 케이블이 사용 중인지 확인하여 충돌을 해결하는 방식입니다.

- **MAC(Media Access Control) 주소**: MAC 주소는 랜 카드에 할당된 전 세계에서 하나밖에 존재하지 않는 고유한 값입니다.

- **ARP(Address Resolution Protocol)**: ARP는 IP 주소와 MAC 주소를 매핑하기 위한 프로토콜입니다.

- **ARP 요청(ARP Request)**: IP 주소에 해당하는 MAC 주소를 찾기 위해 보내는 브로드캐스트 요청을 의미합니다.

- **ARP 응답(ARP Reply)**: ARP 요청에 대한 응답으로 MAC 주소가 포함되어 있습니다.

- **반이중(Half Duplex) 방식**: 반이중 방식은 양쪽 방향에서 통신이 가능하지만 동시에는 통신이 불가능한 구조입니다.

- **전이중(Full Duplex) 방식**: 전이중 방식은 채널을 2개 두어서 양쪽 방향에서 동시에 데이터를 주고받을 수 있는 방식으로 스위치에서 사용됩니다.

5장

[초급편]
네트워크 구조 이해하기

네트워크 계층, 목적지를 찾는 단계

이 장에서는 OSI 7 계층 중 네트워크 계층에
대해 설명합니다.

이 장의 목표

- 네트워크 계층의 역할을 이해한다.
- IP 주소와 IP 주소 클래스에 대해 이해한다.
- 서브넷과 서브넷 마스크에 대해 이해한다.
- 라우터의 동작 방식을 이해한다.

네트워크 계층의 역할

A 학교에 미영이라는 학생이 있습니다. 그리고 B 학교에는 도진이라는 학생이 있죠. 미영이는 도진이에게 이메일을 보내야 하는 상황입니다.

가장 먼저 미영이는 자신이 속해 있는 A 학교의 스위치에게 도진이가 사용하는 컴퓨터의 MAC 주소를 묻겠죠? 그렇지만 스위치는 당연히 도진이가 사용하는 컴퓨터의 MAC 주소를 알 수 없을 것입니다. 도진이는 B 학교의 스위치에 연결되어 있으니까요.

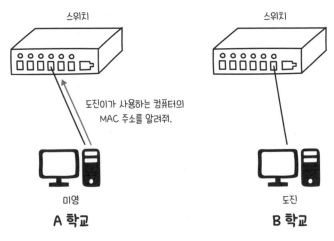

그림 5-1 | 미영이와 도진의 통신

지금까지 배운 스위치만을 사용했을 경우 미영이와 도진이가 통신할 수 있는 방법이 없습니다. 이 둘은 영원히 이메일을 주고받을 수 없는 상황이죠.

그래서 필요한 것이 라우터라는 장비입니다. **라우터(Router)는 데이터가 어떤 경로로 전달되어야 하는지를 알려주는 내비게이션과 같은 역할을 합니다.** 어떤 길이 가장 빠른지 결정하는 것이죠. 그리고 어떤 길이 가장 빠른 길인지 찾는 과정을 라우팅(Routing)이라고 합니다.

예를 들어 다음과 같이 여러 개의 라우터가 연결되어 있는 상황에서 송신자가 수신자에게
가장 빠르게 데이터를 보낼 수 있는 파란 선이 최적의 경로가 되겠죠?

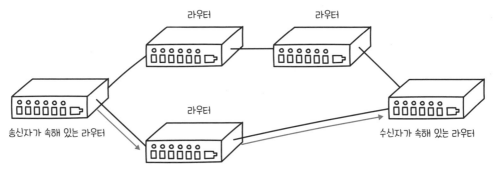

그림 5-2 | 라우팅

이러한 라우터는 스위치와는 다르게 IP 주소를 이용해서 통신을 합니다.

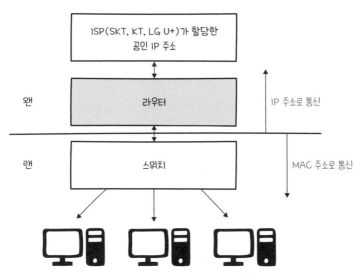

그림 5-3 | 랜과 왠에 따른 통신 차이

다음 Lesson에서 왠 환경에서 통신의 기본이 되는 IP 주소에 대해 알아보겠습니다.

IP 주소란?

랜 환경에서는 스위치를 이용하여 MAC 주소로 통신한다고 했습니다. 여기에는 치명적인 단점이 있습니다. 인터넷에 바로 접속할 수 없고, 우리 회사 이외의 컴퓨터와 통신이 불가능하다는 점입니다. 그래서 필요한 것이 IP 주소입니다.

IP(Internet Protocol) 주소는 인터넷상에 있는 컴퓨터의 고유한 주소입니다. 따라서 이것을 이용해서 한 컴퓨터에서 다른 컴퓨터로 데이터를 주고받을 수 있습니다. 그런데 IP 주소는 어떻게 할당받는 것일까요?

분명 컴퓨터를 구매할 때 자동으로 부여된 번호는 랜 카드 주소(MAC 주소)뿐이었습니다.

우리가 인터넷을 하기 위해서는 인터넷 서비스 제공자(ISP, Internet Service Provider)라고 하는 SKT, KT, LG U+ 등과 같은 회사에 인터넷 설치를 신청합니다. 그러면 다음과 같이 인터넷 서비스 제공자와 내 컴퓨터가 연결되며, 더불어 공인 IP가 하나 부여됩니다. 공인 IP가 인터넷을 할 수 있는 IP 주소입니다.

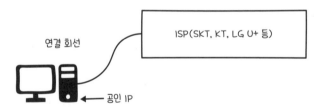

그림 5-4 | 인터넷 서비스 제공자로부터 인터넷 설치

보강

공인 IP와 사설 IP

네트워크에서 사용 목적과 방법에 따라 공인 IP와 사설 IP가 있습니다.

① 공인 IP(Public IP)

공인 IP는 인터넷 서비스 제공자에 의해 전 세계적으로 고유하게 할당되는 IP 주소입니다. 이 주소를 이용해서 전 세계의 컴퓨터와 통신을 할 수 있는 것이죠. 대부분의 인터넷 서비스 제공자들은 유동적으로 공인 IP 주소를 할당합니다. 한마디로 한번 제공받은 공인 IP는 영구적으로 사용할 수 있는 것이 아니라 주기적으로 변경된다는 의미입니다.

② 사설 IP(Private IP)

사설 IP는 주로 기업 내부에서만 사용되는 IP 주소로, 기업 밖에 위치한 컴퓨터와는 통신이 되지 않습니다. 사설 IP 주소로는 주로 다음과 같은 것들이 있습니다.

```
10.0.0.0 - 10.255.255.255
172.16.0.0 - 172.31.255.255
192.168.0.0 - 192.168.255.255
```

공인 IP와 사설 IP는 네트워크 구성 및 보안 측면에서 중요한 차이가 있기 때문에 올바르게 이해하고 사용하는 것이 중요합니다(사설 IP가 기업 내부에서만 사용할 수 있기 때문에 보안 측면에서는 좀 더 안정적으로 사용할 수 있습니다).

부여된 IP는 다음과 같은 형식을 갖습니다.

```
11000000 10101000 00000010 01111100
```

실제로 우리가 할당받은 공인 IP를 확인해볼까요? 명령 프롬프트 창에서 ipconfig라고 입력하면 다음과 같은 결과를 보여주는데 그중 IP 정보는 다음 파란색 상자와 같습니다.

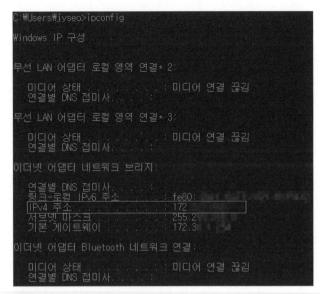

그림 5-5 | IP 주소 확인 방법

그런데 뭔가 이상합니다. 분명 부여받은 IP 주소는 다음과 같은 ① 형식이라고 했는데, 확인한 결과는 ② 형식입니다.

---

① 11000000 10101000 00000010 01111100

② 192.168.2.124

이 둘은 동일한 의미를 다르게 표현했을 뿐입니다. 형식 ①은 2진수로 표현한 것이고, 형식 ②는 10진수로 표현한 것뿐입니다. 우리가 IP 주소를 이야기할 때 0과 1로 조합된 32개의 숫자를 말하기에는 너무 깁니다. 그래서 간편하게 10진수를 사용하는 것이죠.

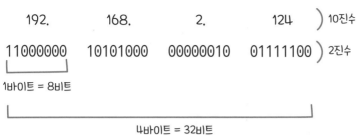

그림 5-6 | IP 주소의 표현 형식

정리하면 IP 주소의 길이는 4바이트, 즉 32비트로 되어 있습니다. IP 주소를 표기할 때는 2진수가 아닌 10진수로 표기하기 때문에 192.168.2.124와 같은 형식을 취하게 되며, 각 1바이트별로 마침표(.)로 분리하여 표기합니다. 또한, 1바이트가 나타낼 수 있는 값의 범위는 0~255까지입니다. 각 자리의 10진수가 0~255까지 가능하기 때문에 IP 주소의 범위는 0.0.0.0~255.255.255.255입니다.

그런데 마지막 1바이트의 가장 작은 수인 0과 가장 큰 수인 255는 용도가 정해져 있기 때문에 컴퓨터의 IP 주소로 사용하지 않습니다. 먼저 다음과 같이 마지막 1바이트가 0인 주소를 네트워크 주소라고 합니다. **네트워크 주소는 일반적으로 하나의 네트워크를 통칭하기 위해 사용되는 주소입니다.**

192.168.2.0

예를 들어 하나의 라우터에 묶여 있는 컴퓨터들의 IP가 192.168.2.11~192.168.2.14라고 가정해봅시다(물론 스위치가 있을 수도 있고, 라우터가 스위치 역할까지 함께 할 수도 있습니다).

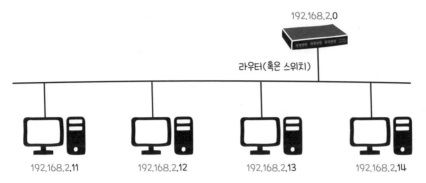

그림 5-7 | 192.168.2.0 네트워크 주소

그러면 네트워크 주소는 192.168.2.0이 됩니다. 그래서 이런 상황을 다음처럼 표현해볼 수 있습니다. 물론 클래스와 서브넷 마스크에 따라 다를 수는 있습니다(이것들에 대한 개념은 곧 배울 예정입니다).

> IP 192.168.2.11~192.168.2.14는 같은 IP 대역을 사용한다.

또한, 다음과 같이 마지막 1바이트가 255인 경우를 브로드캐스트 주소라고 합니다. **브로드 캐스트 주소는 네트워크에 연결된 컴퓨터에 데이터를 한 번에 일괄적으로 전송할 때 사용하는 주소입니다.**

> 192.168.2.255

예를 들어 다음과 같이 192.168.2.0이라는 네트워크 주소를 갖는 네트워크가 있다고 가정해 봅시다. 192.168.2.10이라는 IP를 갖는 컴퓨터가 자신이 속해 있는 모든 컴퓨터에 데이터를 보내고자 할 때 사용되는 IP 주소는 192.168.2.255가 됩니다.

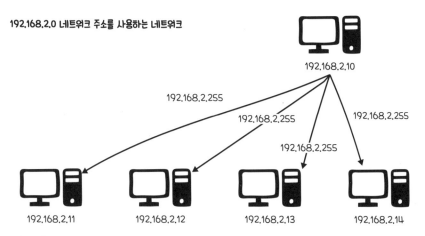

192.168.2.0 네트워크 주소를 사용하는 네트워크

192.168.2.10

192.168.2.255

192.168.2.255

192.168.2.255

192.168.2.255

192.168.2.11   192.168.2.12   192.168.2.13   192.168.2.14

그림 5-8 | 브로드캐스트 주소

IP 주소의 구조와 클래스

NETWORK FOR EVERYONE

앞에서 IP 주소의 역할에 대해 알아봤다면 이번에는 IP 주소의 구조와 클래스에 대해 알아보겠습니다.

1 IP 주소의 구조

IP 주소의 클래스에 대해 이야기하기 전에 다시 IP 주소의 구조를 살펴볼까요? IP 주소는 다음과 같은 형태라고 했습니다.

192.168.2.124

단순할 것 같은 IP 주소에는 많은 정보가 포함되어 있습니다. IP 주소는 다음과 같이 네트워크 ID와 호스트 ID로 구분할 수 있습니다. 호스트 ID는 라우터에 연결된 개별 컴퓨터들을 관리하기 위해 사용됩니다. 즉, 호스트 ID는 개별 컴퓨터들이 사용하는 것이고, 네트워크 ID는 컴퓨터가 많을 경우 관리의 어려움이 있기 때문에 네트워크의 범위를 지정해(컴퓨터들의 집합) 관리를 쉽게 하기 위해 사용합니다.

그림 5-9 | 네트워크 ID와 호스트 ID

이 내용을 그림으로 표현하면 다음과 같습니다.

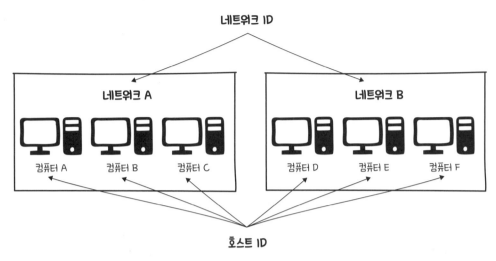

그림 5-10 | 네트워크 ID와 호스트 ID

예를 들어 네트워크 A에 포함된 컴퓨터 A, 컴퓨터 B, 컴퓨터 C의 IP 주소가 다음과 같다고 가정해봅시다.

네트워크 A

컴퓨터 A: 192.168.1.2

컴퓨터 B: 192.168.1.3

컴퓨터 C: 192.168.1.4

이때 컴퓨터 A의 네트워크 ID와 호스트 ID는 다음과 같습니다.

그림 5-11 | 네트워크 ID와 호스트 ID에 대한 예시

2 IP 주소의 클래스

공인 IP 주소에는 A부터 E까지 5개의 클래스가 있습니다. 하지만 D와 E는 일반인을 위한 것이 아니기 때문에 A, B, C 클래스만 유효합니다. 지금부터 이야기할 IP 주소의 클래스에 서는 네트워크 ID와 호스트 ID를 이용합니다.

먼저 A 클래스는 하나의 네트워크가 가질 수 있는 호스트 ID가 가장 많은 클래스입니다(A 클래스에 속한 컴퓨터에 할당해줄 수 있는 IP의 개수는 2,147,483,648개입니다). 첫 8비트는 네트워크 ID를 의미하고 나머지 24비트는 호스트 ID를 의미합니다. 호스트 ID로 사용할 수 있는 것이 많기 때문에 당연히 컴퓨터들에게 할당할 IP가 가장 많다는 의미이겠죠?

A 클래스	0	네트워크 ID	호스트 ID	호스트 ID	호스트 ID
		0~127	0~255	0~255	0~255

그림 5-12 | A 클래스

따라서 A 클래스는 다음과 같은 IP 주소 범위를 갖습니다. 가장 앞 자리는 0으로 고정되어 있습니다.

> 0.0.0.0 ~ 127.255.255.255
> 00000000.00000000.00000000.00000000 ~ 01111111.11111111.11111111.11111111

그럼 B 클래스는 어떨까요? B 클래스의 경우, 처음 16비트는 네트워크 ID를 나타내고 나 머지 16비트는 호스트 ID를 의미합니다. 따라서 A 클래스와 비교했을 때 컴퓨터가 사용 할 수 있는 IP 개수가 줄어들겠죠(B 클래스에서는 컴퓨터에 할당할 수 있는 IP의 개수는 1,073,741,824개입니다)?

B 클래스	1	0	네트워크 ID	네트워크 ID	호스트 ID	호스트 ID
			128~191	0~255	0~255	0~255

그림 5-13 | B 클래스

그리고 B 클래스는 다음과 같은 IP 주소 범위를 갖습니다. B 클래스의 경우 앞의 두 자리가 10으로 고정되어 있습니다.

128.0.0.0 ~ 191.255.255.255

10000000.00000000.00000000.00000000 ~ 10111111.11111111.11111111.11111111

마지막으로 C 클래스는 마지막 8비트만 호스트 ID이고 앞에 위치한 24비트는 네트워크 ID 입니다. 따라서 C 클래스 컴퓨터가 사용할 수 있는 IP의 개수는 가장 적은 536,870,912개입 니다.

C 클래스	1	1	0	네트워크 ID	네트워크 ID	네트워크 ID	호스트 ID
				192~223	0~255	0~255	0~255

그림 5-14 | C 클래스

그리고 C 클래스는 다음과 같은 IP 주소 범위를 갖습니다. C 클래스는 앞의 세 자리가 110 으로 고정되어 있습니다.

192.0.0.0 ~ 223.255.255.255

11000000.00000000.00000000.00000000 ~ 11011111.11111111.11111111.11111111

전 세계의 IP 주소를 관리하는 기관은 IANA(Internet Assigned Numbers Authority)입니다. 우리나라의 경우 KISA(Korea Internet & Security Agency, 한국인터넷진흥원)에서 IANA으

로부터 IP 대역을 할당받아옵니다. 이후 KISA는 IP 주소를 인터넷 서비스 제공 업체(⑩ KT, SKT 등)에게 다시 할당해주면 인터넷 서비스 제공 업체가 개인이나 학교/기업에 다시 할당해주는 구조입니다.

지금까지 IP 주소에 대해 알아봤습니다. 다음 Lesson에서는 OSI 7 계층에서 IP 주소가 어떻게 사용되는지 좀 더 알아보겠습니다.

LESSON
21
OSI 7 계층에서의 IP 주소

NETWORK FOR EVERYONE

다시 OSI 7 계층으로 돌아왔습니다. 앞에서 배웠던 것을 떠올리기 위해 OSI 7 계층을 다시 살펴보겠습니다. 지금까지 우리는 물리 계층과 데이터 링크 계층에 대해 배웠으며, 현재는 네트워크 계층까지 와 있는 상태입니다. 그리고 통신을 위해서는 데이터에 헤더 정보가 추가된다고도 했습니다.

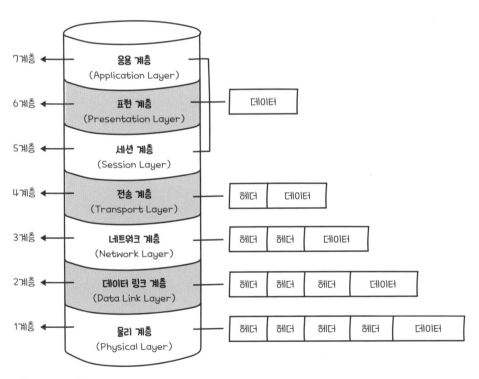

그림 5-15 | OSI 7 계층

네트워크 계층에 추가되는 헤더 정보는 IP 정보라고 언급했던 것도 기억하나요? 단순히 IP

정보만 필요한 것은 아니고 다음 그림과 같이 다양한 정보들이 추가됩니다. 하지만 우리가 집중해야 하는 부분은 송신자와 수신자의 IP 정보입니다. 나머지는 '이런 정보도 필요하구 나' 정도로만 알아두세요.

헤더	데이터

버전(4비트)	헤더 길이(4비트)	서비스 유형(8비트)	패킷 전체 길이(16비트)
일련번호(16비트)		플래그(3비트)	패킷 분할 오프셋(13비트)
TTL(8비트)	상위 계층 프로토콜(8비트)	헤더 검사합(16비트)	
송신자 IP 주소(32비트)			
수신자 IP 주소(32비트)			

그림 5-16 | 네트워크 계층에서의 헤더 정보

이때도 마찬가지로 내 IP 정보는 알고 있지만 수신자의 IP 정보는 어떻게 확인할 수 있을까 요? 이 정보를 알고 있거나 확인해줄 수 있는 장비가 바로 라우터입니다. 라우터 장비에 대 해서는 곧 자세히 알아보겠습니다.

LESSON 22 브로드캐스트, 유니캐스트, 멀티캐스트

NETWORK FOR EVERYONE

네트워크에서 데이터를 주고받는 방식으로는 브로드캐스트, 유니캐스트, 멀티캐스트가 있습니다. 각각의 개념과 차이점을 살펴보겠습니다.

1 브로드캐스트

라디오나 TV에서 브로드캐스트라는 단어를 들어본 적이 있을 것입니다. 라디오나 TV는 일방적으로 신호를 보내기 때문에 시청자와 상호작용하지 않습니다. 일방적으로 신호를 보낸다고 해서 브로드캐스트라고 하는데, 이러한 개념이 컴퓨터에도 있습니다. **브로드캐스트 (Broadcast)는 같은 네트워크에 속한 모든 컴퓨터에게 데이터를 전달합니다.** 허브와 기능이 비슷해 보이죠?

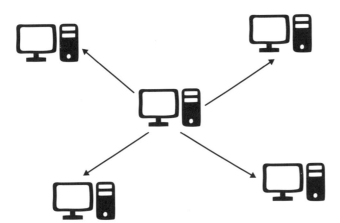

그림 5-17 | 브로드캐스트

그런데 수신자 입장에서는 내가 원하지 않더라도 일방적으로 보내는 정보를 받아야 합니다. 따라서 데이터를 수신하는 컴퓨터는 그 정보가 필요한지 판단해야 하는 번거로움이 있습니다.

2 유니캐스트

반면에 **유니캐스트(Unicast)는 1:1 통신입니다.** 같은 네트워크에 여러 대의 컴퓨터가 있을 때 특정한 1대의 컴퓨터에만 데이터를 보내고자 한다면 무엇이 필요할까요? 상대방의 MAC 주소이겠죠? 그래서 유니캐스트로 통신을 하기 위해서는 상대방의 MAC 주소를 알고 있어야 합니다.

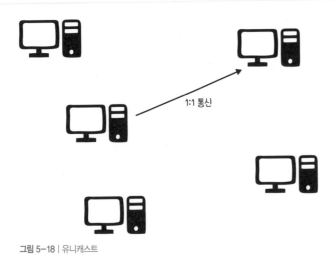

그림 5-18 | 유니캐스트

3 멀티캐스트

멀티캐스트는 브로드캐스트와 유니캐스트를 섞어 놓은 방식입니다. 같은 네트워크에서 데이터를 보내고 싶은 컴퓨터가 1대라면 상대방의 MAC 주소를 확인하는 것은 어렵지 않을 것입니다.

하지만 그 대상이 2대 이상이라면 여간 번거롭지 않은데요. 이때 사용하는 방법이 멀티캐스트입니다. **멀티캐스트(Multicast)는 특정 그룹을 지정해서 그 그룹에 해당하는 컴퓨터에게만 데이터를 보내는 방식입니다.**

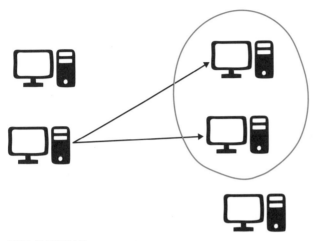

그림 5-19 | 멀티캐스트

이어서 다음 Lesson에서 서브넷과 서브넷 마스크에 대해 이야기를 해볼 텐데, 이 개념을 이해하기 위해서는 브로드캐스트에 대한 이해가 필요합니다. 앞에서 브로드캐스트에 대한 개념을 이해했다면 서브넷과 서브넷 마스크도 쉽게 이해할 수 있을 것입니다.

LESSON 23

서브넷과 서브넷 마스크

NETWORK FOR EVERYONE

하나의 네트워크 주소를 작은 단위로 쪼개서 사용하는 것이 서브넷입니다. 서브넷이 왜 필요한지, 그리고 어떻게 작은 단위로 쪼개는지 알아보겠습니다.

1 서브넷의 개념

서브넷과 서브넷 마스크는 앞에서 배웠던 네트워크 ID와 호스트 ID를 이용합니다.

B 클래스에서 사용할 수 있는 호스트 ID는 1,073,741,824개라고 했습니다. 이것은 하나의 네트워크 주소를 갖는 컴퓨터의 개수를 의미하기도 합니다. 그런데 A 클래스, B 클래스, C 클래스를 각각 하나의 네트워크로 사용하는 것은 비효율적인 방법입니다. 하나의 네트워크에 속한 모든 컴퓨터는 브로드캐스트 주소로 오는 데이터를 모두 수신해야 하고, 그것이 내가 필요한 정보인지 필터링해야 합니다. 아마 매초 혹은 그보다 더 자주 필터링 작업만 하고 있어야 할지도 모릅니다.

그래서 하나의 네트워크를 좀 더 효율적으로 사용해보고자 등장한 개념이 서브넷입니다. 서브넷(subnet)은 하나의 네트워크가 분할된 작은 네트워크입니다. 이때 작은 네트워크로 나누는 작업을 서브넷팅(subneting)이라고 합니다.

B 클래스

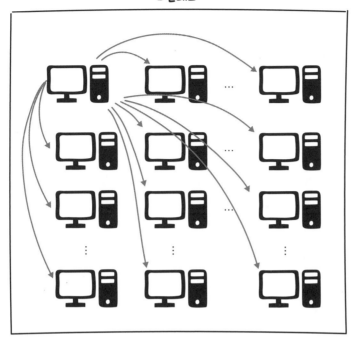

그림 5-20 | B 클래스에서의 브로드캐스트

 ## 서브넷팅의 원리

서브넷팅의 원리는 간단합니다. IP 주소에는 네트워크 ID와 호스트 ID가 있는데, 네트워크 ID는 그대로 두고 호스트 ID를 쪼개는 방식입니다. 이때 쪼개는 개수가 적을수록 사용 가능한 호스트 수가 많아집니다. 다음 그림과 같이 호스트 ID를 2개로 쪼개면 126개의 호스트가 생기는 것이고 64개로 쪼개면 2개의 호스트가 생깁니다. 이때 호스트란 컴퓨터라고 이해하면 됩니다.

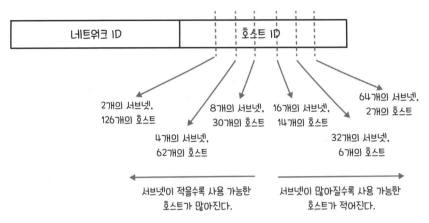

그림 5-21 | 서브넷팅의 원리

서브넷팅을 네트워크의 맥락에서 표현하면 다음과 같습니다.

> **호스트 ID를 서브넷 ID와 호스트 ID로 나누는 작업**

즉, 다음 그림과 같이 호스트 ID를 서브넷 ID와 호스트 ID로 분리하는 작업이 서브넷팅입니다.

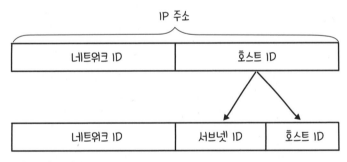

그림 5-22 | 서브넷팅

3 서브넷 마스크

이번에는 서브넷 마스크에 대해 알아볼 텐데, 이 개념을 알아야 서브넷팅을 할 수 있습니다. IP 주소를 서브넷팅하면 네트워크 ID와 호스트 ID의 경계를 판별하기가 어려울 때가 많은데 이때 서브넷 마스크를 사용합니다. 즉, **서브넷 마스크(Subnet Mask)란 IP 주소에서 네트워크 ID와 호스트 ID를 구분하기 위한 구분자입니다.**

네트워크에 관심이 있는 사람이라면 다음과 같은 표현을 본 적이 있을 것입니다. 다음은 표현만 다를 뿐 둘 모두 같은 의미의 서브넷 마스크에 대한 표현입니다.

> 192.168.1.1/24
> 255.255.255.0

그럼 /24 혹은 255.255.255.0은 어떻게 얻을 수 있을까요? 서브넷 마스크는 1과 0의 조합으로 구성되긴 하지만 다음 그림과 같이 1이 연속적으로 나온 이후 0이 연속적으로 나오는 형태를 취합니다. 또한, 서브넷 마스크를 구하기 위해서는 네트워크 ID는 모두 1로 채우고 호스트 ID는 0으로 채웁니다.

예를 들어 다음 그림과 같이 C 클래스의 경우 24비트가 네트워크 ID입니다. 따라서 24비트는 1의 값을, 나머지 8비트에 해당하는 호스트 ID는 0으로 채워주면 다음과 같이 255.255.255.0의 값이 나오겠죠?[1] 그리고 /24가 의미하는 것은 네트워크 ID의 비트 수입니다. 24비트가 모두 1의 값을 갖기 때문에 /24라고 표현하는 것입니다.

그림 5-23 | C 클래스의 서브넷 마스크

---

1 2진수를 10진수로 바꾸기 위해서는 https://www.rapidtables.org/ko/convert/number/binary-to-decimal.html 사이트를 참조하세요.

4 서브넷팅해보기

서브넷 마스크도 알아봤으니 서브넷팅을 해볼까요? 먼저 다음 상황을 가정해보겠습니다.

네트워크 주소: 172.16.0.0

서브넷 마스크: 255.255.0.0

이를 4개의 서브넷으로 나눠보겠습니다.

4개의 조합이 나오기 위해서는 호스트 ID 중에서 2개의 값만 이용하면 됩니다. 값 2개로 다음과 같이 4개의 조합이 나올 수 있기 때문입니다.

00

01

10

11

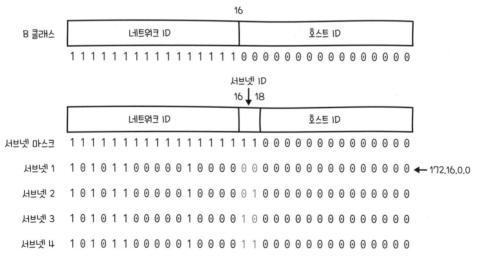

그림 5-24 | 4개의 서브넷으로 구성

이제 이 값들을 호스트 ID에 적용해보면 다음과 같습니다. 물론 호스트 ID는 모두 0으로 채워주면 됩니다. 또한, 서브넷팅을 위해 사용된 호스트 ID 2개는 이제 서브넷 ID가 될 것입니다. 참고로 예제에서 사용되고 있는 네트워크 주소가 B 클래스라는 것은 이제 설명하지 않아도 알고 있겠죠?

앞에서 서브넷팅했던 것을 정리하면 다음과 같습니다.

표 5-1 | 서브넷팅 결과

구분	서브넷	네트워크 주소	브로드캐스트 주소	호스트 주소 범위
서브넷 1	172.16.0.0/18	172.16.0.0	172.16.63.255	172.16.0.1 ~
				172.16.63.254
서브넷 2	172.16.64.0/18	172.16.64.0	172.16.127.255	172.16.64.1 ~
				172.16.127.254
서브넷 3	172.16.128.0/18	172.16.128.0	172.16.191.255	172.16.128.1 ~
				172.16.191.254
서브넷 4	172.16.192.0/18	172.16.192.0	172.16.255.255	172.16.192.1 ~
				172.16.255.254

왜 이런 결과가 나왔는지 서브넷 4를 통해 자세히 살펴보겠습니다. 먼저 B 클래스에서 서브넷 마스크는 다음과 같이 255.255.0.0이었습니다.

1	0	네트워크 ID	네트워크 ID	호스트 ID	호스트 ID
		128~191	0~255	0~255	0~255
		11111111	11111111	00000000	00000000
		255	255	0	0

그림 5-25 | B 클래스의 서브넷 마스크

하지만 서브넷팅 이후의 서브넷 4는 다음과 같이 서브넷 ID 두 자리가 모두 11이 되면서 서브넷 마스크가 255.255.192.0이 됩니다.

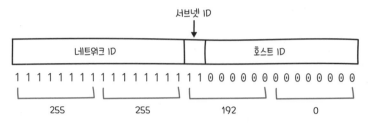

그림 5-26 | 서브넷 4의 서브넷 마스크

그리고 네트워크 ID를 그대로 가져오게 되면 네트워크 주소는 다음과 같이 바뀝니다.

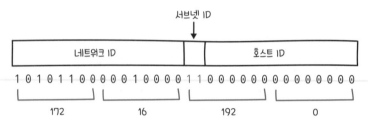

그림 5-27 | 서브넷 4의 네트워크 주소

과정이 복잡해 보이지만 어렵지는 않죠? 이런 방식으로 네트워크를 쪼개서 사용하면 IP를 좀 더 효율적으로 사용할 수 있는 장점이 있습니다. 불필요한 낭비를 막을 수 있으니까요. 이제 마지막으로 5계층에서 사용되는 라우터에 대해 알아보겠습니다.

라우터의 동작 방식

NETWORK FOR EVERYONE

라우터(Router)는 이름 그대로 데이터의 전송을 위해 가장 빠른 길을 찾아 네트워크 간의 경로(Route)를 설정하는 장비입니다. 라우터는 다음과 같이 생겼는데, 앞에서 봤던 허브나 스위치와 비슷하죠?

그림 5-28 | 라우터

라우터에 대해 더 알아보기에 앞서 스위치의 한계를 되짚어보겠습니다. 스위치는 같은 네트워크의 컴퓨터끼리만 통신이 가능한 장비입니다. 즉, 서로 다른 네트워크 간의 통신은 불가능한 단점이 있습니다.

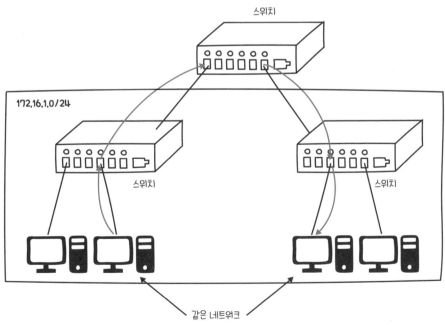

그림 5-29 | 스위치의 통신

그래서 서로 다른 네트워크 간의 통신을 위해서는 라우터를 사용해야 합니다. 예를 들어 172.16.1.0/24 네트워크와 172.16.2.0/24 네트워크는 서로 다른 네트워크입니다. 이 둘 간에 통신이 가능하려면 라우터가 필요합니다.

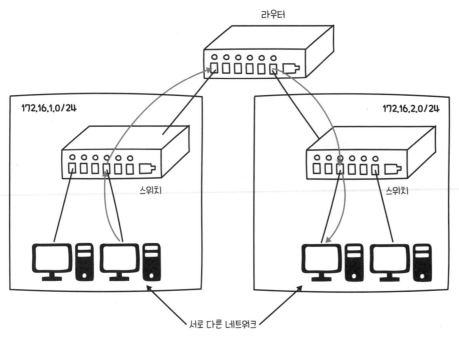

그림 5-30 | 라우터의 기능

그런데 서로 다른 네트워크 간에는 1개 이상의 라우터가 있을 수 있습니다. 이러한 경우, 어떤 경로로 이용해야 빠른 통신이 가능한지 확인해야 합니다. 즉, **'네트워크와 네트워크 간의 경로(Route)를 설정'해야 하는데, 이것을 라우팅(Routing)이라고 합니다.** 다시 말해 라우팅은 한 네트워크에서 다른 네트워크로 데이터를 전달하는 과정입니다.

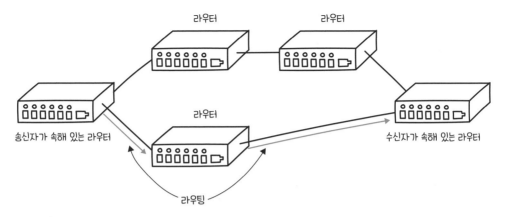

라우터   라우터

라우터

송신자가 속해 있는 라우터   수신자가 속해 있는 라우터

라우팅

그림 5-31 | 라우팅

그런데 경로는 어떻게 설정할까요? 스위치에서 MAC 테이블을 이용했던 것과 같이 라우터에서는 라우팅 테이블이라는 것을 이용합니다. **라우팅 테이블(Routing Table)은 데이터를 목적지까지 보내기 위한 거리와 방법 등을 명시한 테이블입니다.**

라우팅 테이블에는 데이터를 목적지로 전달하기 위해 어떤 방향(인터페이스라고도 부릅니다)으로 가야 하는지에 대한 정보를 가지고 있습니다. 따라서 라우터가 데이터를 목적지로 보내려고 하면 먼저 라우팅 테이블을 찾아보게 됩니다.

예를 들어 컴퓨터 A(172.16.1.3)가 컴퓨터 B(172.16.2.12)에게 데이터를 보내려고 하는 상황을 가정해봅시다. 먼저 라우터 A는 컴퓨터 B의 네트워크 주소 172.16.2.0을 확인합니다. 그리고 172.16.2.0으로 가는 길이 정의되어 있는지 라우팅 테이블을 검색합니다.

그랬더니 라우팅 테이블에 172.16.2.0 네트워크로 가려면 E1으로 가라는 내용이 검색되었습니다. 그럼 이제 라우터 A는 라우터 B에게 컴퓨터 B의 IP 주소가 무엇인지 물어보기만 하면 됩니다.

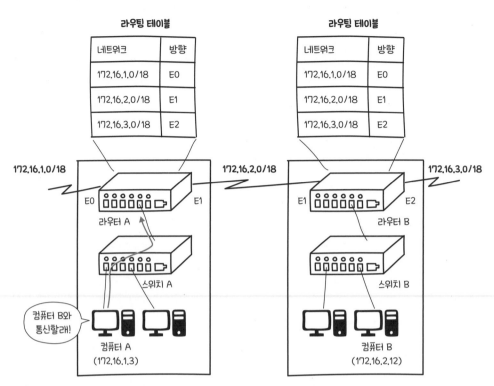

그림 5-32 | 라우팅 테이블

그런데 실제 라우팅 테이블은 앞에서 살펴본 라우팅 테이블과는 조금 다릅니다. 또한, 라우팅 프로토콜(RIP, IGRP, OSPF, BGP 등)에 따라서도 라우팅 테이블은 달라집니다.

먼저 윈도우에서 라우팅 테이블을 확인해볼까요? 라우팅 테이블은 다음과 같이 명령 프롬프트 창에서 route print 혹은 netstat -nr 명령으로 확인할 수 있습니다. 라우팅 테이블에는 네트워크 대상 외에도 게이트웨이, 인터페이스(방향) 등에 대한 정보를 포괄하고 있습니다.

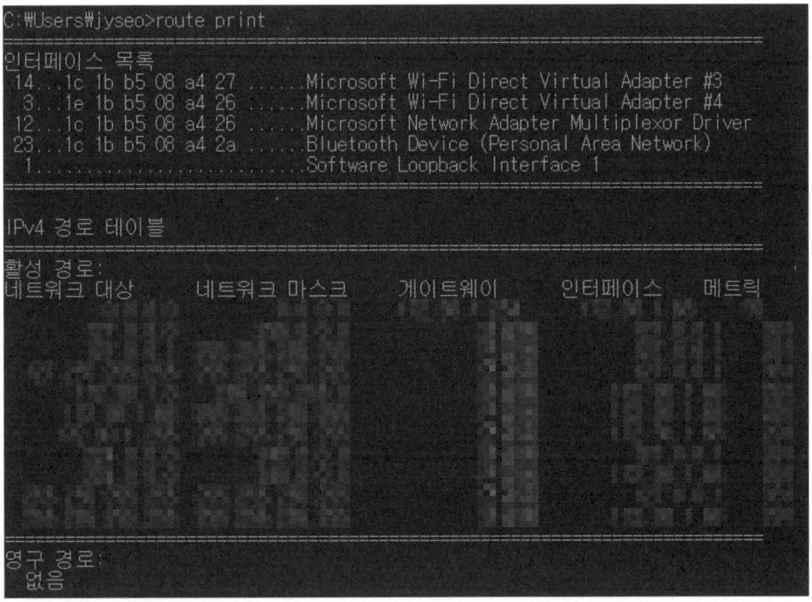

```
C:\Users\jyseo>route print

인터페이스 목록
 14...1c 1b b5 08 a4 27 ......Microsoft Wi-Fi Direct Virtual Adapter #3
  3...1e b5 08 a4 26 ......Microsoft Wi-Fi Direct Virtual Adapter #4
 12...1c 1b b5 08 a4 26 ......Microsoft Network Adapter Multiplexor Driver
 23...1c 1b b5 08 a4 2a ......Bluetooth Device (Personal Area Network)
  1..........................Software Loopback Interface 1

IPv4 경로 테이블

활성 경로:
네트워크 대상      네트워크 마스크       게이트웨이       인터페이스      메트릭




영구 경로:
  없음
```

그림 5-33 | 라우팅 테이블 확인

라우팅 테이블은 주기적으로 업데이트해야 합니다. 네트워크 상황이 계속 변경되기 때문이죠. 업데이트는 수동으로 할 수도 있고 자동으로 할 수도 있습니다. 하지만 수동일 경우 관리자가 직접 설정해줘야 하기 때문에 상당히 번거롭습니다. 따라서 가능하면 라우팅 프로토콜을 이용하여 자동으로 업데이트하는 방법이 효율적입니다.

지금까지 네트워크 계층의 역할 및 IP 주소와 라우터에 대해 알아봤습니다. 특히 IP 관련 내용은 인터넷 환경에서 개별적인 컴퓨터를 식별하는 주소이기 때문에 명확하게 개념을 이해할 필요가 있습니다.

복습하기

NETWORK FOR EVERYONE

5장은 어땠나요? 지금까지 배운 내용을 복습할 수 있도록 연습 문제와 용어 정리를 준비했습니다. 꼭 풀어보세요.

 연습 문제

( ) 안에 알맞은 단어를 넣어주세요.

1. 라우터가 데이터를 전달하는 경로를 정의하는 것을 (   )이라고 합니다.

2. 라우터는 (   ) 주소를 이용해서 통신합니다.

3. (   )는 네트워크에 연결된 컴퓨터에 한 번에 데이터를 전송할 때 사용하는 주소입니다.

4. IP 주소는 (   )와 (   )로 구분할 수 있습니다.

5. IP 주소는 (   )~(   ) 클래스로 나뉩니다.

6. (   )는 1:1 통신입니다.

7. 작은 네트워크로 나누는 작업을 (   )이라고 합니다.

8. 서브넷팅 이후 IP는 (   ), (   ), (   )로 구성됩니다.

9. 라우팅 테이블을 확인하기 위한 명령어는 (   )과 (   )입니다.

용어 정리

Lesson 18~24에서 배운 핵심 용어를 정리합니다.

- **IP(Internet Protocol)**: IP 주소는 인터넷상에 있는 컴퓨터의 고유한 주소입니다.

- **호스트 ID**: 호스트 ID는 라우터에 연결된 개별 컴퓨터들을 관리하기 위해 사용됩니다.

- **네트워크 ID**: 네트워크 ID는 개별 컴퓨터가 많을 경우 관리의 어려움이 있기 때문에 네트워크의 범위를 지정해(컴퓨터들의 집합) 관리를 쉽게 하기 위한 용도로 사용합니다.

- **브로드캐스트(Broadcast)**: 브로드캐스트는 같은 네트워크에 속한 모든 컴퓨터에게 데이터를 전달합니다.

- **공인 IP(Public IP)**: 인터넷 서비스 제공자에 의해 전 세계적으로 고유하게 할당되는 IP 주소입니다.

- **사설 IP(Private IP)**: 주로 기업 내부에서만 사용되는 IP 주소로, 기업 밖에 위치한 컴퓨터와는 통신이 되지 않습니다.

- **서브넷(Subnet):** 서브넷은 하나의 네트워크가 분할되어 나눠진 작은 네트워크입니다.

- **서브넷 마스크(Subnet Mask):** 서브넷 마스크는 IP 주소에서 네트워크 ID와 호스트 ID를 구분하기 위한 구분자입니다.

- **라우팅(Routing):** 라우팅은 네트워크와 네트워크 간의 경로(Route)를 설정하는 과정입니다.

6장

[초급편]
네트워크 구조 이해하기

전송 계층,
오류 없이 데이터를
전달하는 단계

이 장에서는 OSI 7 계층 중 전송 계층에 대해 설명합니다.

이 장의 목표

• 전송 계층의 역할을 이해한다.
• 3방향 핸드셰이크(3 Way Handshake) 구조에 대해 이해한다.
• TCP와 UDP 구조에 대해 이해한다.
• 전송 계층의 로드 밸런서 구조에 대해 이해한다.

LESSON 25 전송 계층의 역할

NETWORK FOR EVERYONE

전송 계층은 기본적으로 오류를 점검하는 기능과 컴퓨터가 제대로 데이터를 받았을 경우 어떤 애플리케이션으로 전달해야 하는지를 식별하는 기능을 합니다.

먼저 오류를 점검하는 방법에는 3가지가 있습니다. 4장에서 살펴본 오류 점검 방식이 전송 계층에도 있습니다. 둘을 비교하면서 보는 것도 좋습니다.

1 혼잡 제어

혼잡 제어(Congestion Control)는 네트워크로 들어가는 정보량을 조절하여 네트워크가 혼잡해지지 않게 조절하는 방법입니다. 이를 위해 송신자는 먼저 하나의 데이터만 보내고 수신자 측에서 ACK가 오면 전송량을 2배씩 증가시켜 나갑니다.

그러다가 타임아웃(Time Out)[1]이 발생하면 여러 개 보냈던 데이터를 줄여서 보냅니다. 혹은 다음과 같이 동일한 ACK를 여러 번 받는 경우에도 데이터를 줄여서 보내는 방식을 취합니다. 타임아웃이나 ACK를 여러 번 받았다는 것은 네트워크가 데이터를 실어 나르느라 바쁘다는 뜻일 테니까요. 이후 정상적인 ACK를 받게 되면 또다시 데이터를 배수로 전송함으로써 데이터 전송량을 조절합니다.

---

1 프로그램이 특정한 시간 내에 성공적으로 수행되지 않아서 진행이 자동적으로 중단되는 것을 말합니다.

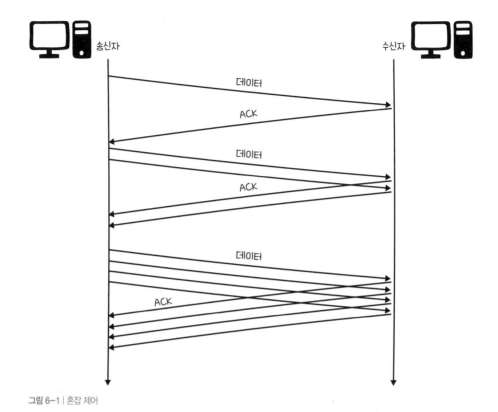

그림 6-1 | 혼잡 제어

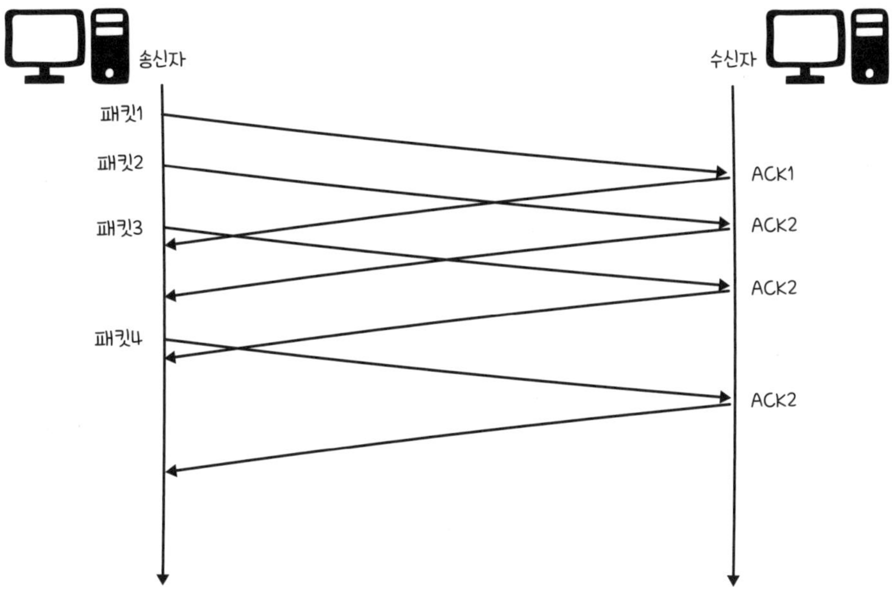

그림 6-2 | 동일한 ACK를 3회 이상 수신

2 흐름 제어

흐름 제어는 데이터 링크 계층에서 사용했던 정지–대기(Stop & Wait) 방식과 동일하기 때문에 간단히 살펴보겠습니다.

정지–대기 방식은 송신자가 하나의 데이터를 전송한 후 다음 데이터를 전달하기 전에 확인 응답을 기다리는 방법입니다. 예를 들어 다음 그림과 같이 수신자 측에서 ACK라는 메시지가 송신자 측에 전달되어야만 다음 데이터를 보내는 방법이죠.

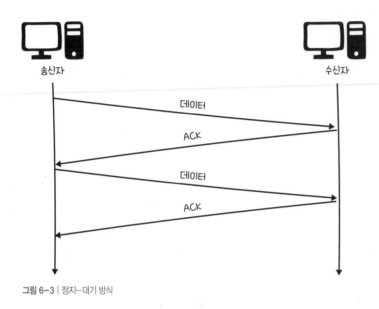

그림 6–3 | 정지–대기 방식

3 오류 제어

오류 제어의 목적 역시 데이터 링크 계층과 동일합니다. 하지만 방법은 조금 다른데요. 오류를 검출하기 위해서는 확인 응답과 시간 초과 방법을 사용합니다.

① 확인 응답: 수신자 측으로부터 ACK라는 응답을 받아야 하지만 ACK가 없다면 오류로 판단합니다.

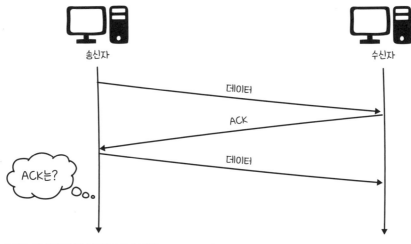

그림 6-4 | ACK를 받지 못한 경우 오류로 판단

② 시간 초과: 특정 시간 내에 ACK가 없으면 세그먼트에 오류가 있다고 판단합니다.

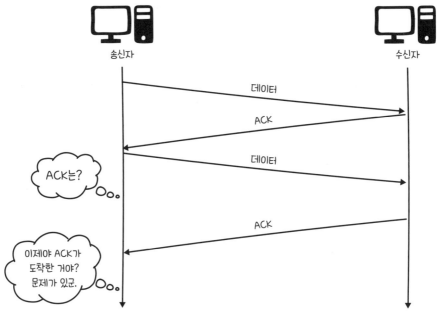

그림 6-5 | ACK가 늦게 도착한 경우 오류로 판단

그리고 오류가 발견되면 데이터를 재전송해야 하는데, 재전송이 필요한 상황은 다음과 같습니다.

- **데이터가 중간에 손실될 때**

> 예를 들어 송신자가 "오늘 시간 괜찮으면 네트워크 과제를 도와줄 수 있어?"라고 수신자에게 보냈음에도 수신자는 어떤 데이터도 받지 못하는 경우가 손실에 해당됩니다. 이때는 송신자가 데이터를 재전송해야 합니다.

- **데이터 순서가 바뀌었을 때**

> 예를 들어 송신자가 다음과 같은 데이터를 수신자에게 보냈습니다.
>
> – 오늘 여유 시간 좀 있어?
>
> – 네트워크 과제를 도와줄 수 있어?
>
> 하지만 수신자는 다음과 같은 데이터를 받습니다.
>
> – 네트워크 과제를 도와줄 수 있어?
>
> – 오늘 여유 시간 좀 있어?
>
> 이와 같이 데이터 순서가 바뀌어서 수신할 때도 송신자는 재전송이 필요합니다.

- **데이터가 훼손되었을 때**

> 예를 들어, 송신자가 다음과 같은 데이터를 수신자에게 보냈습니다.
>
> – 네트워크 과제를 도와줄 수 있어?
>
> 하지만 수신자는 다음과 같은 데이터를 받습니다.
>
> – 네트워크 도와줄 수 있어?
>
> 이와 같이 송신자 데이터가 훼손되었을 때에도 재전송이 필요합니다.

지금까지 전송 계층에서 오류를 제어하는 방법에 대해 알아봤으니, 이제 데이터를 다음 계층으로 전달해야 합니다. 이때 필요한 것이 포트(port) 번호인데 이것을 알기 위해서는 TCP라는 구조를 먼저 이해해야 합니다.

전송 계층은 데이터를 목적지에 문제없이 전달하는 것을 목표로 합니다. 이때 데이터를 전달하는 목적에 따라 연결형과 비연결형 통신으로 나뉩니다.

- 연결형 통신: 데이터를 정확하게 전달하는 것을 목표로 하는 통신으로, TCP 프로토콜을 사용합니다.

- 비연결형 통신: 효율적으로 데이터를 보내는 통신으로, UDP 프로토콜을 사용합니다.

먼저 TCP 프로토콜이 통신하는 방법에 대해 알아보겠습니다(UDP는 잠시 뒤에 배웁니다). TCP 프로토콜은 3방향 핸드셰이크(3 Way Handshake) 방법으로 통신을 시작합니다. TCP 프로토콜이 데이터를 정확하게 전달하는 것을 목표로 하기 때문에 상대방이 내 신호를 받을 수 있는 상태인지 확인하고 전송하는 방식입니다. 즉, **3방향 핸드셰이크는 TCP 통신을 하는 장치(컴퓨터) 간에 서로 통신할 준비가 되었는지를 확인하는 과정입니다.**

간단하게 말하자면, 악수를 할 때 3번 상하로 흔들어보는 것과 같습니다.

① 먼저 송신자는 수신자에게 SYN(Synchronize Sequence Number)이라는 임의의 숫자를 보내는데, 이것은 '안녕, 내 말 들려?'라는 의미와도 같습니다.

② 그러면 수신자는 '응, 잘 들려'라는 의미의 ACK와 '너도 내 신호를 잘 받고 있는 거지?'라고 묻는 SYN을 보냅니다. 이때 ACK는 앞에서 받았던 SYN에 1이 더해진 숫자이며, SYN은 임의의 숫자가 됩니다.

③ 마지막으로 송신자가 다시 '아주 잘 들려'라는 의미의 ACK를 보냅니다. 이때 ACK는 앞에서 받은 SYN에 1이 더해진 숫자입니다.

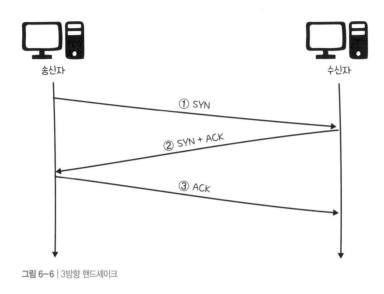

그림 6-6 | 3방향 핸드셰이크

SYN과 ACK를 정리하면 다음 그림과 같습니다.

① 송신자는 연결 요청을 위해 임의의 SYN 번호(예 1)를 수신자에게 보냅니다.

② 수신자는 요청을 잘 받았다는 의미로 송신자에게 받은 SYN 번호에 1을 더해 ACK(예 1 + 1 = 2)를 보냅니다. 또한, 수신자도 연결을 요청하는 의미로 SYN에 임의의 번호(예 11)를 보냅니다.

③ 송신자는 연결이 수립되었다는 의미로 수신자로부터 받은 SYN에 1을 더해서 수신자에게 ACK(예 11 + 1 = 12)를 보냅니다. 그럼 이제 통신을 위한 연결이 수립된 것입니다.

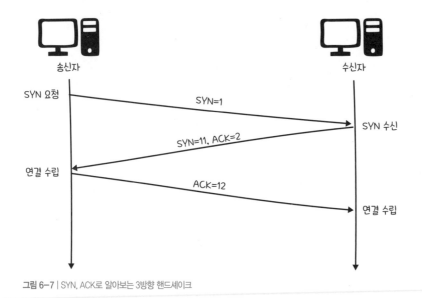

그림 6-7 | SYN, ACK로 알아보는 3방향 핸드셰이크

이와 같이 3방향 핸드셰이크를 이용하면 송신자와 수신자 양쪽 모두 데이터를 전송할 준비가 되었다는 것을 보장합니다.

LESSON 27 TCP의 구조

NETWORK FOR EVERYONE

마지막 전송 계층에는 헤더 정보에 어떤 것들이 포함되어 있는지 알아봅시다. 헤더에는 다음 그림과 같이 포트 번호를 포함하여 다양한 정보들이 포함되어 있습니다. 각각의 항목들을 하나씩 살펴볼까요?

헤더	데이터		

송신자 포트 번호(16비트)		수신자 포트 번호(16비트)	
일련번호(32비트)			
확인 응답 번호(32비트)			
헤더 길이 (4비트)	예약 (6비트)	코드 비트 (6비트)	윈도우 크기(1비트)
검사합(16비트)		긴급 포인터(16비트)	

그림 6-8 | TCP 구조

1 포트 번호

가장 중요한 포트 번호부터 알아보겠습니다. 전송 계층은 어떤 애플리케이션과 통신하는지 정의하는 곳이라고 했습니다. 그 기능을 하는 것이 포트 번호입니다. 쉽게 설명하면 컴퓨터의 주소가 IP 주소라면 프로그램의 주소가 포트 번호입니다.

포트 번호는 총 65,536개가 존재하며 목적에 따라 다음과 같이 나뉘어져 있습니다.

- 0~1023번: '잘 알려진 포트(well-known port)'로, 말 그대로 특정한 쓰임을 위해 사용되는 포트입니다(📵 HTTP: 80).
- 1024~49151번: 기관이나 기업들이 사용하는 포트로, '사전 등록된 포트(registered port)'라고도 합니다.
- 49152~65535번: 일반 사용자들이 자유롭게 사용할 수 있는 포트로, '다이내믹 포트(dynamic port)'라고 합니다.

잘 알려진 포트 번호는 다음과 같습니다.

표 6-1 | 포트 번호

포트	프로토콜	용도
20	FTP	FTP로 데이터 전송 프로토콜
22	SSH	SSH, SFTP와 같은 프로토콜
23	Telnet	암호화되지 않은 텍스트 통신 프로토콜
25	SMTP	이메일 전송 프로토콜
53	DNS	IP 주소와 도메인 이름 변환 프로토콜
80	HTTP	웹 페이지 전송 프로토콜
123	NTP	시간 동기화 프로토콜
443	HTTPS	암호화된 웹 페이지 전송 프로토콜

예를 들어 ① 먼저 송신자는 192.168.2.34 IP 주소로 수신자에게 이메일을 전달하는데, 전달할 때 헤더에 25번 포트가 붙어 있습니다. ② 그러면 192.168.2.34 IP 주소를 사용하는 수신자는 25번 포트를 통해 이메일을 열어서 확인합니다. 이렇게 포트에 따라서 사용하는 프로그램이 달라집니다.

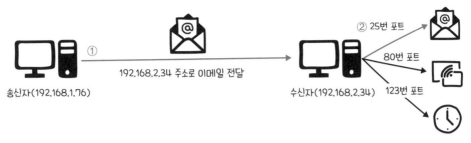

송신자(192.168.1.76)

192.168.2.34 주소로 이메일 전달

수신자(192.168.2.34)

② 25번 포트

80번 포트

123번 포트

그림 6–9 | 포트로 통신

2 일련번호와 확인 응답 번호

그런데 전송 계층의 헤더에 추가되는 정보는 포트 번호만 있었던 것이 아니었죠? 나머지에 대해서도 알아봅시다. 먼저 일련번호와 확인 응답 번호라는 것이 있습니다. 일련번호는 송신자가 수신자에게 보내려는 데이터가 몇 번째인지 알려주는 것이고, 반대로 확인 응답 번호는 수신자가 몇 번째 데이터를 받았는지 송신자에게 알려주는 역할을 합니다.

예를 들어 송신자가 수신자에게 데이터를 보내는 상황을 가정해봅시다.

> 보내야 할 총 데이터 크기: 1500바이트
> 패킷의 크기: 500바이트

이때 패킷의 크기란 한 번에 보낼 수 있는 데이터의 최대 크기입니다. 즉, 한 번에 보낼 수 있는 최대 크기가 500바이트라는 것이죠. 그러니 1500바이트의 데이터를 보내기 위해서는 총 3번에 걸쳐 보내야 합니다(500바이트씩 3번이면 1500바이트가 될 테니까요).

따라서 일련번호는 다음과 같습니다. 처음의 일련번호가 1이라고 가정할 때 다음의 일련번호는 1에서 500이 더해진 값이고, 이후에는 501에서 500이 더해진 값입니다. 이때 500바이트는 데이터의 크기입니다.

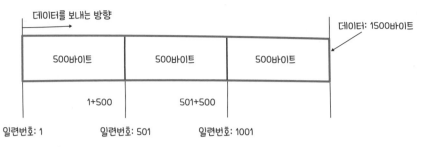

그림 6-10 | 일련번호의 이해

이것을 정리하면 다음 그림과 같습니다.

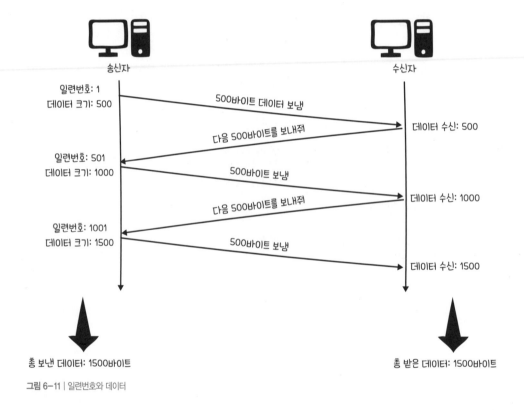

그림 6-11 | 일련번호와 데이터

그렇다면 확인 응답 번호란 무엇일까요? 확인 응답 번호는 수신자가 몇 번째 데이터를 받았는지 송신자에게 알려주는 역할을 합니다.

다음 예시로 확인 응답 번호에 대해 구체적으로 알아볼까요?

1. 송신자는 500바이트의 데이터를 수신자에게 보냅니다. 이때 3방향 핸드셰이크 연결 과정에서 일련번호에는 1을 부여받습니다(이 숫자는 임의로 생성됩니다).

2. 수신자는 500바이트의 데이터를 받았기 때문에 확인 응답 번호는 501이 됩니다. 즉, 501번째부터 500바이트의 데이터를 보내달라는 것이죠.

3. 이제 송신자는 501부터 데이터를 보내야 하기 때문에 일련번호는 501이 됩니다.

4. 수신자는 또다시 500바이트의 데이터를 받았기 때문에 확인 응답 번호는 1001이 됩니다.

5. 송신자가 또다시 500바이트의 데이터를 보내기 위해 일련번호는 1001이 사용됩니다.

6. 마지막으로 수신자는 500바이트의 데이터를 받았다는 확인 응답 번호로 1501을 사용합니다.

이렇게 1500바이트의 데이터를 수신자 측으로 모두 전달하게 됩니다.

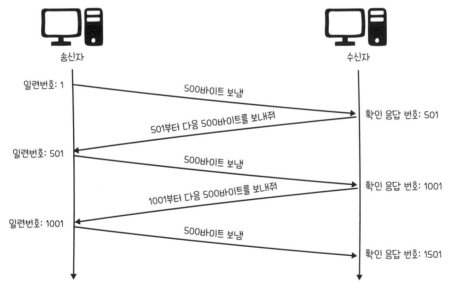

그림 6-12 | 일련번호와 확인 응답 번호

이와 같이 일련번호와 확인 응답 번호를 이용해서 수신한 데이터가 순서는 맞는지, 오류는 없는지 검사할 수 있습니다.

3 윈도우 크기

이번에는 윈도우 크기에 대해 알아보겠습니다. 다음 상황을 가정해볼까요? 수신자가 받을 수 있는 데이터의 양은 적은데, 송신자가 그것을 고려하지 않고 많은 양의 데이터를 보낸다면 어떤 일이 발생할까요?

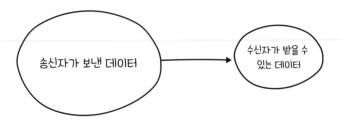

그림 6-13 | 데이터를 주고받는 송신자와 수신자

송신자는 모든 데이터를 보냈다고 생각하겠지만, 수신자는 송신자가 보낸 모든 데이터를 받아들이지 못하고 일부는 튕겨나갈 것입니다. 그럼 정상적인 통신이 불가능해집니다. 그래서 등장한 것이 윈도우 크기입니다. **윈도우 크기(Window Size)란 송신자가 한 번에 보낼 수 있는 데이터의 최대 크기입니다.** 즉, 수신자가 얼마나 데이터를 받아들일 수 있는지 확인한 후, 그 크기를 고려해서 데이터를 보내겠다는 의도인 것이죠.

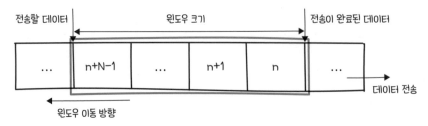

그림 6-14 | 윈도우 크기

그러면 수신자의 윈도우 크기는 어떻게 알아낼 수 있을까요? 앞에서 3방향 핸드셰이크에 대해 배웠습니다. 바로 이 단계에서 송·수신자의 윈도우 크기를 확인할 수 있습니다. 3방향 핸드셰이크 과정에서 SYN과 ACK 외에도 Window_Size라는 정보를 주고받게 됩니다.

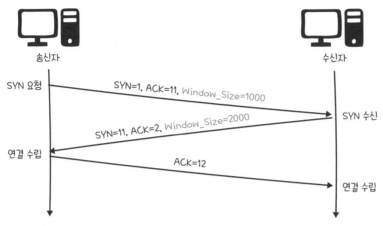

그림 6-15 | 3방향 핸드셰이크와 윈도우 크기

이렇게 확인된 윈도우 크기를 이용하면 좀 더 효율적으로 데이터를 전송할 수 있습니다. 다음 그림과 같이 매번 데이터를 보내고 ACK를 기다리는 것이 아니라 수신자가 받을 수 있을 받음 데이터를 한 번에 보내면 되니까요.

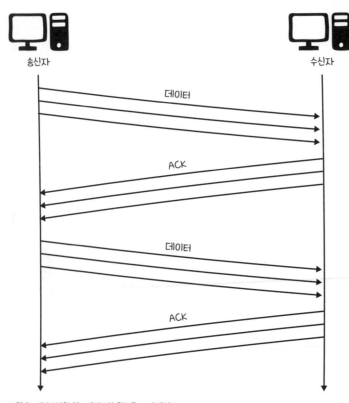

그림 6-16 | 3방향 핸드셰이크와 윈도우 크기 예시

 4 코드 비트

마지막으로 코드 비트에 대해 알아보겠습니다. 코드 비트에는 다음과 같은 항목들이 포함됩니다. 모두 기본값은 0이고 비트가 활성화되면 1이 됩니다.

표 6-2 | 코드 비트에 속한 항목

항목	설명
TURG	긴급 처리 데이터가 있음
ACK	확인 응답 번호 사용
RSH	TCP가 받은 데이터를 상위 계층에 전달
RST	연결 재설정
SYN	연결을 초기화하기 위해 순서 번호를 동기화
FIN	데이터 송신 종료

예를 들어 3방향 핸드셰이크에서 연결을 위해 SYN과 ACK가 사용되었는데요. 따라서 다음과 같이 SYN과 ACK는 0에서 1로 변화될 것입니다.

표 6-3 | 연결이 수립될 때의 코드 비트

TURG	ACK	RSH	RST	SYN	FIN
0	1	0	0	1	0

그리고 연결이 종료될 때는 ACK와 FIN이 사용되는데, 이것들이 1로 변화됩니다.

표 6-4 | 연결이 종료될 때의 코드 비트

TURG	ACK	RSH	RST	SYN	FIN
0	1	0	0	0	1

이와 같이 코드 비트를 이용해서 연결을 제어할 수 있습니다.

지금까지 TCP 구조 중 중요한 항목들에 대해 알아봤습니다. 다음 Lesson에서는 비연결에서 사용되는 UDP 프로토콜에 대해 알아보겠습니다.

UDP의 구조

TCP는 데이터를 세그먼트라는 단위로 쪼갠 후 순서를 부여하여 전송합니다. 또한, 수신자 입장에서 세그먼트의 순서가 뒤바뀌는 일이 없도록 오류를 제어하는 것도 중요합니다. 즉, 신뢰성 있는 통신을 기반으로 하는 것이 TCP라면 UDP(User Datagram Protocol)는 데이터를 수신자 측에서 오류 없이 받던, 그렇지 않던 상관하지 않고 데이터를 보내기만 합니다.

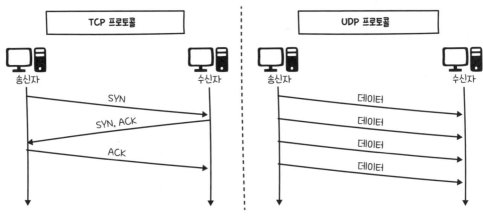

그림 6-17 | TCP와 UDP

UDP가 신뢰성을 보장하지 않는다고 해서 쓸모가 없는 것은 아닙니다. 신뢰성을 보장하지 않는 만큼 데이터 전송 속도가 빠른 장점이 있습니다. 따라서 UDP 프로토콜은 주로 실시간 방송 등에 사용합니다.

'방송'이라는 단어가 등장하면 자동으로 떠오르는 단어가 있을텐데요. 바로 브로드캐스트입니다. 5장에서 배운 브로드캐스트의 경우 2대 이상의 컴퓨터에게 동일한 데이터를 전달하는 목적으로 사용한다고 했습니다. 이때 사용되는 프로토콜이 UDP입니다.

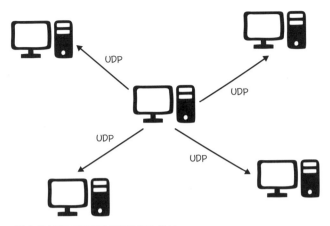

그림 6-18 | UDP 프로토콜을 이용한 브로드캐스트

UDP 프로토콜의 헤더에 대해서도 알아볼까요? UDP 프로토콜에서 사용하는 헤더는 TCP
와 비교했을 때 상당히 축약된 정보만 포함하고 있습니다. 신뢰성을 보장하지 않기 때문인
데요. 다음 그림과 같이 송·수신자의 포트 번호와 헤더 길이, 검사합(Checksum) 정도의 정
보만 포함할 뿐입니다.

헤더	데이터

송신자 포트 번호(16비트)	수신자 포트 번호(16비트)
헤더 길이(16비트)	검사합(16비트)

그림 6-19 | UDP 헤더

각각의 항목에 대한 설명은 다음 표를 참고해주세요.

표 6-5 | UDP 헤더에 대한 설명

항목	설명	크기
송신자 포트 번호	데이터를 보낼 때 사용되는 애플리케이션의 포트 번호	16비트
수신자 포트 번호	데이터를 받을 애플리케이션의 포트 번호	16비트
헤더 길이	UDP 헤더와 데이터를 합한 총 길이	16비트
검사합	데이터의 무결성 검사(오류 검사) 용도	16비트

전송 계층에서 사용하는 로드 밸런서

다음과 같은 상황을 생각해봅시다. http://www.a.com을 서비스하는 서버는 1대이고, 여기에 접속하려는 동시 접속자는 만 명입니다. 그러면 1대의 서버는 정상적으로 서비스할 수 있을까요? 아마도 중간에 서버가 멈춰버릴 것입니다.

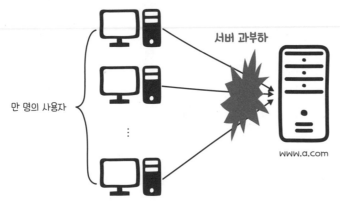

그림 6-20 | 서버 과부하 상태

만 명의 사용자를 처리하기 위해서는 서버를 여러 대 두면 되겠지만, 이때도 여전히 문제는 남아 있습니다. 서버를 여러 대 구성했음에도 사용자들이 특정 서버 1대에만 접속하는 문제가 발생할 수 있습니다. 그래서 필요한 것이 로드 밸런서입니다.

로드 밸런서(Load Balancer)는 여러 대의 서버를 두고 사용자가 한쪽으로 몰리는 것을 분산시켜주는 장치입니다. 그리고 이렇게 1대의 서버에서 여러 대로 늘리는 것을 스케일 아웃(Scale Out)이라고 하며, 부하를 분산시켜주는 작업을 로드 밸런싱(Load Balancing)이라고 합니다.

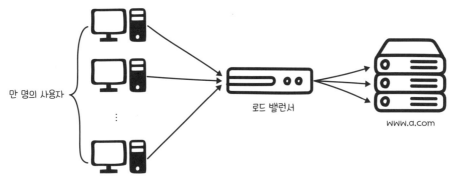

그림 6-21 | 로드 밸런서

먼저 사용자가 보내온 연결 요청은 로드 밸런서가 받습니다. 이후 로드 밸런서는 또다시 http://www.a.com 서버로 연결을 요청합니다. 그런데 http://www.a.com 서버는 3대입니다. 그래서 3대의 서버가 골고루 사용자 연결을 처리해야 합니다.

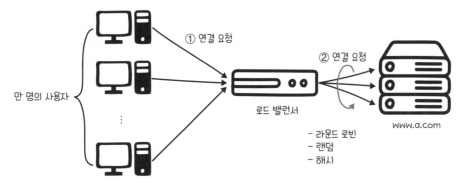

그림 6-22 | 로드 밸런싱 방법

이와 같이 연결을 여러 대의 서버에서 처리할 수 있도록 부하를 분산시키는 방법으로는 다음과 같은 것들이 있습니다.

- 라운드 로빈(Round Robin): 분배의 가장 기본적인 방식으로 각 서버별로 돌아가면서 연결을 처리합니다.
- 가중 라운드 로빈(Weighted Round Robin): 각 서버별로 돌아가면서 연결을 처리하지만 일부 서버는 큰 트래픽을 몰아 받는 방식입니다.

- 랜덤(Random): 무작위로 분배되는 방식입니다.

- 해시(Hash): 특정 클라이언트는 특정 서버에서만 처리하는 방식입니다.

또한, 로드 밸런서는 포트 번호를 이용하여 부하를 분산시킬 수도 있습니다. 예를 들어 http://www.a.com을 서비스하는 서버가 3대 있을 때, 로드 밸런서 IP 주소로 접속을 시도하는 것 중에 8001번 포트를 사용하는 것은 172.16.2.201 서버로 전달하고, 8002번 포트를 사용하여 접속을 시도하는 것은 172.16.2.203으로 전달하도록 설정할 수 있습니다.

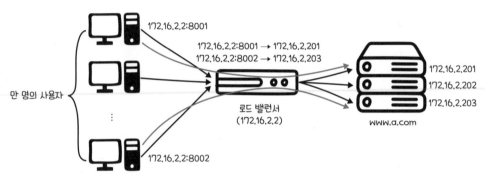

그림 6-23 | 포트 번호를 이용한 부하 분산

복습하기

NETWORK FOR EVERYONE

6장은 어땠나요? 지금까지 배운 내용을 복습할 수 있도록 연습 문제와 용어 정리를 준비했습니다. 꼭 풀어보세요.

 ## 연습 문제

( ) 안에 알맞은 단어를 넣어주세요.

1. 전송 계층에서 오류를 점검하는 방법으로는 (   ), (   ), (   )가 있습니다.

2. 프로그램이 특정한 시간 내에 성공적으로 수행되지 않아서 진행이 자동적으로 중단되는 것을 (   )이라고 합니다.

3. (   )는 네트워크로 유입되는 사용자의 트래픽 양이 네트워크 용량을 초과하지 않도록 유지해주는 방법입니다.

4. 전송 계층에서는 데이터를 전달하는 목적에 따라 (   )과 (   ) 통신으로 나뉩니다.

5. 어떤 애플리케이션과 통신하는지 정의하기 위해 (   )를 사용합니다.

6. 이메일 전송에 사용되는 포트는 (   )번 입니다.

7. 1대의 서버에서 여러 대로 늘리는 것을 (   )이라고 합니다.

8. 부하를 분산시키는 방법 중, 각 서버별로 돌아가면서 할당하는 방식을 (   )이라고 합니다.

용어 정리

Lesson 25~29에서 배운 핵심 용어를 정리합니다.

- **3방향 핸드셰이크(3 Way Handshake)**: 3방향 핸드셰이크는 TCP 통신을 하는 장치 간에 서로 잘 연결되어 있는지를 확인하는 과정입니다.

- **윈도우 크기(Window Size)**: 윈도우 크기란 송신자가 한 번에 보낼 수 있는 데이터의 최대 크기입니다.

- **TCP**: 데이터를 세그먼트라는 단위로 쪼갠 후 순서를 부여하여 전송하는 통신으로 신뢰성 있는 통신을 기반으로 합니다.

- **UDP**: 비연결형으로 실시간 방송과 같은 통신에 사용합니다.

- **로드 밸런서(Load Balancer)**: 로드 밸런서는 여러 대의 서버를 두고 사용자 집중으로 인한 부하를 분산시켜주는 장치입니다.

- **로드 밸런싱(Load Balancing)**: 부하를 분산시켜주는 작업을 로드 밸런싱이라고 합니다.

7장

[초급편]
네트워크 구조 이해하기

응용 계층,
애플리케이션에
접속하는 단계

이 장에서는 OSI 7 계층 중 응용 계층에 대해 알아봅니다.

이 장의 목표

- 응용 계층의 역할을 이해한다.
- 웹 서버의 구조를 이해한다.
- DNS와 DHCP 구조에 대해 이해한다.
- 이메일의 송·수신 구조를 이해한다.

응용 계층의 역할

NETWORK FOR EVERYONE

사용자들이 컴퓨터를 사용한다는 것은 수많은 애플리케이션을 사용한다는 의미이기도 합니다. 우리는 문서 작업을 하기 위해 워드프로세서나 엑셀을 사용하고, 인터넷 검색을 하기 위해 웹 브라우저를 사용합니다. 또한, 이메일을 주고받기 위해 아웃룩(Outlook)[1]이나 웹 페이지에 접속하고요.

일반적으로 **서비스를 요청하는 측을 클라이언트(Client)라고 하고 서비스를 제공하는 측은 서버(Server)라고 합니다.** 이와 같이 응용 계층은 사용자가 사용하는 애플리케이션(응용 프로그램)이 동작하는 곳입니다.

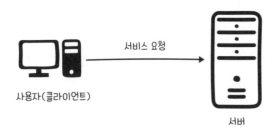

서비스 요청

사용자(클라이언트)

서버

그림 7-1 | 클라이언트와 서버

클라이언트에서 서버로 데이터를 보내기 위해서는 프로토콜을 사용합니다. 6장에서 배웠듯이 애플리케이션마다 사용해야 하는 포트 번호가 다르고 프로토콜도 따로 있습니다. 응용 계층에서 사용하는 프로토콜로는 다음과 같은 것들이 있습니다. 물론 표에 소개한 프로토콜만 있는 것은 아니며 많이 사용하는 대표적인 프로토콜이라고 이해하면 됩니다.

---

1 마이크로소프트에서 제공하는 이메일 서비스입니다.

표 7-1 | 응용 계층 프로토콜

프로토콜	내용	포트 번호
HTTP	웹 사이트 접속	80
DNS	이름 해석	53
FTP[2]	파일 전송	20(데이터 전송) 21(명령과 응답 제어)
SMTP	이메일 송신	25
POP3	이메일 수신	110

이 중 몇 가지 프로토콜에 대해 자세히 알아보겠습니다.

---

2 File Transfer Protocol의 약자로 서버와 클라이언트 사이에서 파일을 주고 받을 때 사용합니다.

HTTP 프로토콜

NETWORK FOR EVERYONE

사용자가 웹 브라우저에 www.google.com을 입력하면 원하는 페이지가 나옵니다. 사용자는 단순히 URL을 입력하면 되지만 내부적으로는 많은 처리가 이루어집니다. 다음 그림과 같이 **사용자가 URL을 입력하는 행위를 요청(request)이라고 하며, 서버는 사용자의 요청에 응답(response)을 합니다.** 예를 들어 요청은 '나에게 www.google.com 페이지를 보여줘'이고, 응답은 실제로 www.google.com 페이지를 보여주는 것입니다.

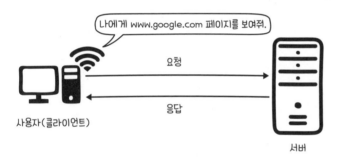

나에게 www.google.com 페이지를 보여줘.

요청

응답

사용자(클라이언트)

서버

그림 7-2 | 요청과 응답

요청과 응답을 위해 HTTP 프로토콜을 사용하는데, **HTTP(HyperText Transfer Protocol)는 클라이언트와 서버가 어떻게 데이터를 교환할지 정해놓은 규칙으로, 80번 포트를 사용합니다.** HTTP는 문자 형태로 데이터가 전송되기 때문에 필요한 부분을 파싱(parsing)[3]해주어야 하므로 다음과 같은 구조를 사용합니다.

---

3 어떤 페이지(문서, html 등)에서 내가 원하는 데이터를 특정 패턴이나 순서로 추출하여 정보를 가공하는 것을 말합니다.

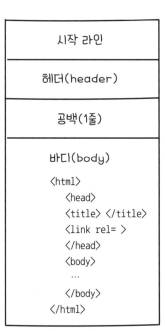

그림 7-3 | HTTP 구조

먼저 시작 라인(start line)은 말 그대로 요청/응답이 어떤 메시지인지를 알려줍니다. 따라서 요청과 응답에서 사용되는 정보가 다를 수밖에 없는데요. 먼저 요청에서 사용되는 시작 라인은 HTTP 메서드, 경로, HTTP 버전으로 이루어져 있습니다.

GET /Index.html HTTP/1.1

HTTP 메서드   경로   HTTP 버전

그림 7-4 | 시작 라인에 포함된 요청 정보

HTTP 메서드는 데이터를 수신하는 서버에서 어떤 작업을 해야 하는지 알려주는 용도로 사용됩니다. 따라서 GET, POST, PUT, PATCH, DELETE 등과 같은 메서드가 사용됩니다.

- GET: 서버로부터 데이터를 획득합니다.
- POST: 서버에 데이터를 추가, 생성합니다.
- PUT: 서버의 데이터를 갱신합니다.

- PATCH: PUT과 유사하게 요청된 데이터를 수정(update)할 때 사용하지만, PUT은 데이터 전체를 갱신하고 PATCH는 일부만 갱신합니다.
- DELETE: 서버의 데이터를 삭제합니다.

이번에는 경로에 대해 살펴봅시다. HTTP 경로는 웹 페이지를 보여주기 위해 파일이나 이미지 등이 위치하는 주소입니다. 경로는 '/경로/파일명.확장자' 형식으로 사용하며 경로의 구분자는 /을 사용합니다.

그런데 다음과 같이 '/경로/파일명'이 없는 경우도 있습니다. 이때는 서버에서 index.html이라는 파일을 자동으로 보내도록 설정한 것입니다. 즉, index.html이라는 파일이 숨김 형태로 표현되어 있다고 이해하면 됩니다.

http://www.google.com/

마지막으로 버전입니다. 다음과 같이 서버에게 요청을 할 때 HTTP 버전도 함께 명시합니다.

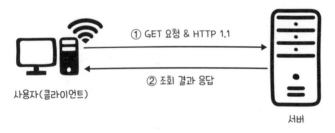

① GET 요청 & HTTP 1.1
② 조회 결과 응답

사용자(클라이언트)

서버

그림 7-5 | HTTP 버전

HTTP 버전은 1.0, 1.1, 2.0 순서로 진화했습니다. HTTP 프로토콜에는 자체적으로 정의한 헤더가 있어서 HTTP 버전 정보, 상태 정보 등 여러 정보를 서버로 보낼 수 있게 되었습니다. 하지만 매 요청마다 연결을 수립하는 과정을 반복하다 보니 이것을 처리하는 서버의 성능이 저하되는 문제점이 있었습니다.

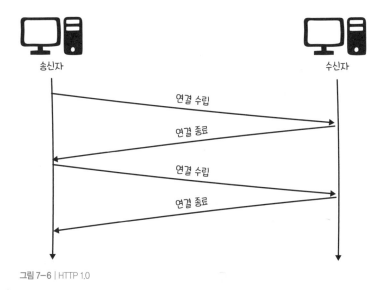

그림 7-6 | HTTP 1.0

그래서 등장한 것이 HTTP 1.1이며 현재 가장 많이 사용하는 버전입니다. HTTP 1.1부터는
킵얼라이브(Keepalive) 기능이 추가되어 연결이 한 번 수립되면 데이터 교환을 마칠 때까지
연결을 유지하고 데이터 교환이 끝나면 연결을 끊는 구조입니다.

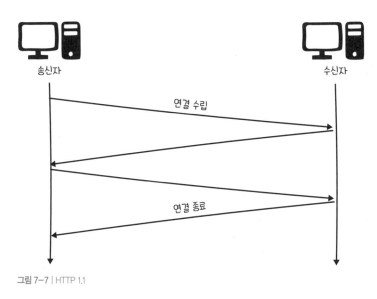

그림 7-7 | HTTP 1.1

마지막으로 HTTP 2.0이 있습니다. HTTP 2.0부터는 응용 계층에 바이너리 프레임(Binary Frame)을 추가하여 기존의 일반 텍스트 데이터를 바이너리[4]로 변환한 후 데이터를 분할하여 보냅니다. 이렇게 하면 전송 속도가 빨라지고 오류 발생 가능성도 낮아집니다.

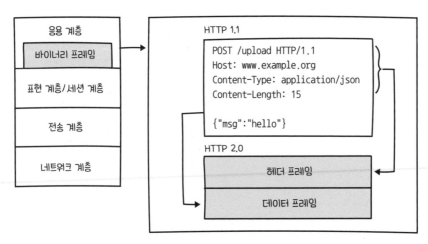

그림 7-8 | HTTP 2.0

여기까지가 클라이언트에서 서버로 HTTP 요청을 할 때 전달하는 정보였습니다.

이제 서버에서도 응답을 해야 하는데, 응답에 대한 시작 라인은 간단합니다. 다음과 같이 HTTP 버전과 응답 메시지로 구성되어 있습니다.

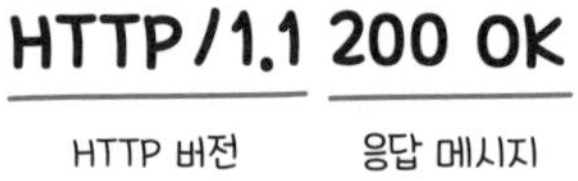

HTTP/1.1 200 OK

HTTP 버전   응답 메시지

그림 7-9 | 시작 라인에 포함된 응답 정보

응답 메시지의 상태 코드에는 다음 내용이 있는데 200의 경우 요청이 성공했음을 나타냅니다.

---

4 0과 1, 두 숫자로만 이루어진 2진수를 말합니다.

표 7-2 | 요청에 대한 응답 메시지

상태 코드	의미	설명
1xx	정보	요청을 받았으며 처리가 되고 있음을 나타냅니다.
2xx	성공	요청이 성공했음을 나타냅니다.
3xx	리다이렉션	클라이언트가 요청한 콘텐츠가 다른 곳에 있다는 의미입니다.
4xx	클라이언트 오류	클라이언트 측에 기인한 오류로 요청이 실패했음을 의미합니다.
5xx	서버 오류	서버 측에 기인한 오류로 인해 요청이 실패했음을 의미합니다.

그리고 헤더(Header)에는 클라이언트와 서버가 통신하기 위한 다음과 같은 부가적인 정보들이 포함됩니다.

- 호스트(Host): 서버의 도메인 이름[5]과 포트 번호
- 연결(Connection): 현재의 작업이 끝난 후에도 네트워크를 연결 상태로 둘지 여부를 제어
- 언어(Language): 서버가 응답에 사용할 언어

또한, 마지막으로 바디(Body)에는 데이터가 포함됩니다.

---

5 사람들이 원하는 사이트에 방문하기 위해 브라우저에서 입력하는 주소입니다.

DNS 서버

네트워크에서는 IP 주소와 MAC 주소로 통신을 한다고 했습니다. 그런데 이때 매우 난처한 상황이 발생합니다. 우리가 모두 상대방의 IP 주소를 알고 있어야 한다는 것이죠. 웹 브라우저에 www.google.com을 입력하는 것이 아니라 142.250.206.228을 입력해야 원하는 서버에 접속할 수 있다는 의미입니다. 이는 수십에서 수백 개의 IP 주소를 암기하고 있어야 하는 상황인데 사실상 불가능한 일입니다.

참고로 www.google.com의 IP 주소는 다음과 같이 명령 프롬프트에서 tracert 명령어로 확인할 수 있습니다.

tracert www.google.com

거쳐야 하는 라우터 개수

www.google.com의 IP 주소

```
C:\Users\jyseo>tracert www.google.com
최대 30홉 이상의
www.google.com [142.250.206.228] (으)로 가는 경로 추적:

1    1 ms    1 ms    1 ms
2    3 ms    5 ms    *
3    4 ms    3 ms    4 ms
4    7 ms    7 ms    5 ms
```

그림 7-10 | IP 주소를 확인하는 방법

그래서 우리는 인간에게 좀 더 친숙한 주소인 www.google.com과 같은 도메인 이름을 사용합니다. 그리고 IP 주소를 도메인 주소로 변경해주는 것이 DNS(Domain Name System) 서버입니다. 원리는 간단합니다.

① 사용자는 www.google.com을 웹 브라우저에 입력합니다.

② 그러면 사용자의 요청은 DNS 서버로 전달됩니다. DNS 서버는 www.google.com에 해당하는 IP 주소인 142.250.206.228을 전달합니다.

③ 사용자는 또다시 142.250.206.228 IP 주소를 이용하여 웹 사이트에 접속합니다.

④ 웹 서버는 사용자의 요청에 응답합니다.

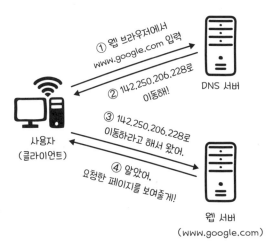

그림 7-11 | DNS 서버의 원리

그런데 이때 DNS 서버가 www.google.com의 IP 주소를 모를 수도 있습니다. 이럴 때는 또다른 DNS 서버에 질의해서 IP 주소를 전달받습니다.

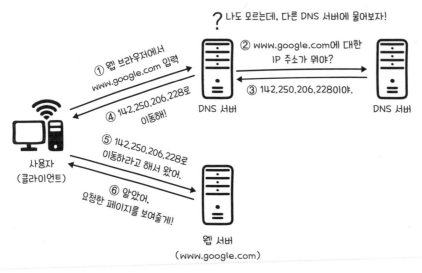

그림 7-12 | DNS에 2차 질의

이와 같이 DNS 서버는 계층적으로 구성되어 있습니다. 즉, 단계별로 질의를 하는데, 루트부터 시작해서 .com에 대한 2단계 질의가 이루어지고 마지막으로 최종 www.google.com에 대한 IP 주소를 얻게 되는 3단계 질의를 하게 됩니다.

정리하면 다음 그림과 같이 1단계 질의는 루트가 되고, 2단계 질의를 통해 요청하려는 웹 사이트가 .com인지, .net인지 확인하고, 마지막 3단계에서 요청하고자 하는 IP 주소를 질의합니다.

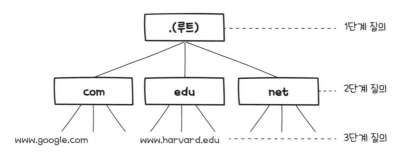

그림 7-13 | 순차적 DNS 질의

지금까지 DNS에 질의하는 방법에 대해 알아봤습니다. 다음 Lesson에서는 DHCP 서버에 대해 알아보겠습니다.

DHCP 서버

NETWORK FOR EVERYONE

일반적으로 인터넷을 사용하거나 왠 환경에서 다른 컴퓨터와 통신하기 위해서는 IP 주소가 필요하다고 했습니다. 그리고 IP는 다음과 같이 명시적으로 내 컴퓨터에 할당되어 있어야 합니다.

① 시작 버튼을 클릭하여 '제어판'을 입력한 후 [Enter] 키를 누릅니다.

그림 7-14 | '제어판' 입력

② [네트워크 및 인터넷]을 클릭합니다.

그림 7-15 | [네트워크 및 인터넷] 클릭

③ [네트워크 및 공유 센터]를 클릭합니다.

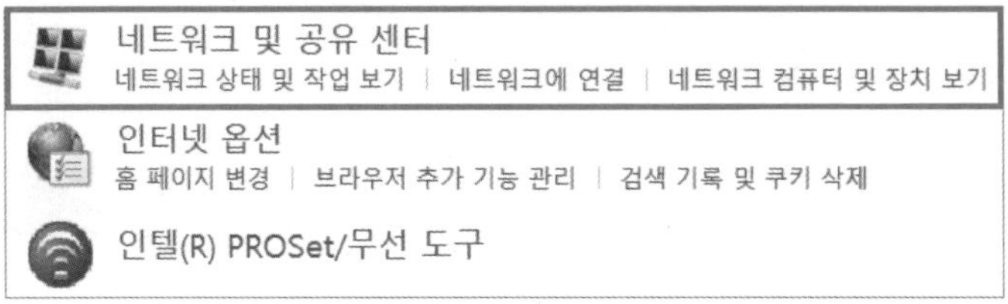

 네트워크 및 공유 센터
네트워크 상태 및 작업 보기 | 네트워크에 연결 | 네트워크 컴퓨터 및 장치 보기

 인터넷 옵션
홈 페이지 변경 | 브라우저 추가 기능 관리 | 검색 기록 및 쿠키 삭제

 인텔(R) PROSet/무선 도구

그림 7-16 | [네트워크 및 공유 센터] 클릭

④ 왼쪽 메뉴 중 [어댑터 설정 변경]을 클릭합니다.

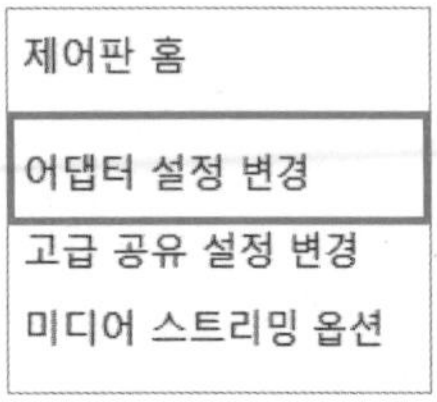

제어판 홈

어댑터 설정 변경

고급 공유 설정 변경

미디어 스트리밍 옵션

그림 7-17 | [어댑터 설정 변경] 클릭

그러면 다음과 같은 화면이 나타납니다(환경에 따라 다른 화면이 나타날 수도 있습니다).

 Bluetooth 네트워크 연결
연결되어 있지 않음
Bluetooth Device (Personal A...

 Wi-Fi
사용함, 브리지됨
Intel(R) Dual Band Wireless-...

 **네트워크 브리지**
KT_GIGA_Mesh_647E
Microsoft Network Adapter ...

그림 7-18 | [어댑터 설정 변경]을 클릭한 화면

⑤ [로컬 네트워크] 혹은 [네트워크 브리지]에 마우스 커서를 두고 마우스 오른쪽 버튼을 클릭한 후 [속성]을 선택합니다.

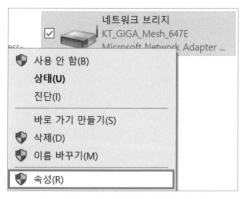

그림 7-19 | [속성] 클릭

⑥ [인터넷 프로토콜 버전 4(TCP/IPv4)]를 더블 클릭합니다.

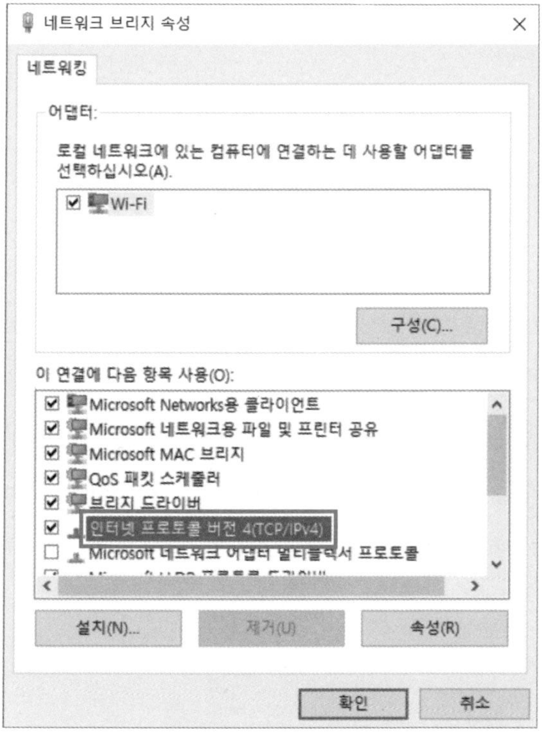

네트워크 브리지 속성 ✕

네트워킹

어댑터:

로컬 네트워크에 있는 컴퓨터에 연결하는 데 사용할 어댑터를
선택하십시오(A).

☑ 🖥 Wi-Fi

[구성(C)...]

이 연결에 다음 항목 사용(O):

☑ 🖳 Microsoft Networks용 클라이언트
☑ 🖳 Microsoft 네트워크용 파일 및 프린터 공유
☑ 🖳 Microsoft MAC 브리지
☑ 🖳 QoS 패킷 스케줄러
☑ 🖳 브리지 드라이버
☑ 🖳 인터넷 프로토콜 버전 4(TCP/IPv4)
☐ 🖳 Microsoft 네트워크 어댑터 멀티플렉서 프로토콜
☐ 🖳 Microsoft LLDP 프로토콜 드라이버

[설치(N)...] [제거(U)] [속성(R)]

[확인] [취소]

그림 7-20 | [인터넷 프로토콜 버전4(TCP/IPv4)] 더블 클릭

⑦ 다음과 같은 화면이 나타나는데 여기서 IP 주소를 수동으로 입력해야 합니다.

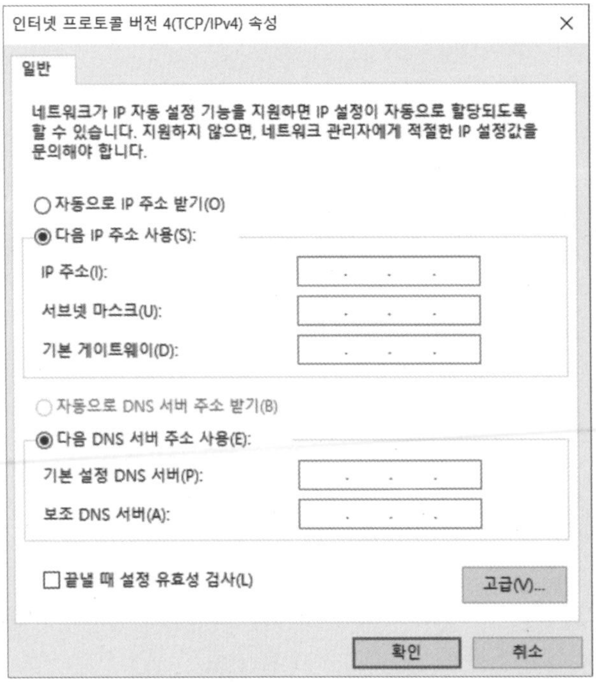

```
┌──────────────────────────────────────────────────┐
│ 인터넷 프로토콜 버전 4(TCP/IPv4) 속성            ✕ │
├──────────────────────────────────────────────────┤
│ ┌──────┐                                          │
│ │ 일반 │                                          │
│ └──────┘                                          │
│  네트워크가 IP 자동 설정 기능을 지원하면 IP 설정이 자동으로 할당되도록 │
│  할 수 있습니다. 지원하지 않으면, 네트워크 관리자에게 적절한 IP 설정값을 │
│  문의해야 합니다.                                  │
│                                                    │
│  ○ 자동으로 IP 주소 받기(O)                        │
│  ◉ 다음 IP 주소 사용(S):                           │
│     IP 주소(I):            [   .   .   .   ]       │
│     서브넷 마스크(U):      [   .   .   .   ]       │
│     기본 게이트웨이(D):    [   .   .   .   ]       │
│                                                    │
│  ○ 자동으로 DNS 서버 주소 받기(B)                  │
│  ◉ 다음 DNS 서버 주소 사용(E):                     │
│     기본 설정 DNS 서버(P): [   .   .   .   ]       │
│     보조 DNS 서버(A):      [   .   .   .   ]       │
│                                                    │
│  □ 끝낼 때 설정 유효성 검사(L)        [ 고급(V)... ]│
│                                                    │
│                       [   확인   ]   [   취소   ]  │
└──────────────────────────────────────────────────┘
```

그림 7-21 | IP 주소 입력

하지만 관리자가 모든 컴퓨터를 찾아다니면서 일일이 IP 주소를 입력해주는 것은 매우 비효율적입니다. 또한 회사에서 누군가 컴퓨터를 사용하다가 퇴사하는 경우 해당 IP 주소가 반납되어야 하는데, 이것 역시 관리하기 어렵습니다.

그래서 IP 주소를 자동으로 관리하기 위해 등장한 것이 DHCP 서버입니다. **DHCP(Dynamic Host Configuration Protocol) 서버는 사용자들에게 IP 주소를 할당하거나 회수하는 것을 자동으로 해주는 서버입니다.**

DHCP 서버가 IP를 할당해주는 방식은 다음과 같습니다.

① 먼저 사용자 컴퓨터는 DHCP 서버를 찾습니다.

② DHCP 서버는 사용자에게 IP 주소 할당 여부를 묻습니다.

③ 사용자가 IP 주소가 필요하다고 요청을 합니다.

④ DHCP 서버는 IP 주소를 할당해줍니다.

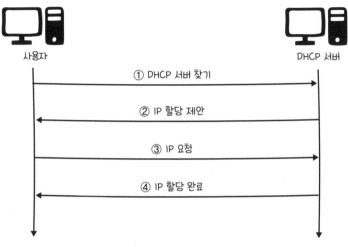

그림 7-22 | DHCP 서버 동작 방법

이처럼 비교적 간단한 방식으로 IP 주소를 효율적으로 관리할 수 있습니다.

SMTP와 POP3 프로토콜

NETWORK FOR EVERYONE

이번에 알아볼 것은 이메일을 주고받을 때 사용하는 프로토콜인 SMTP와 POP3입니다. 다음 그림처럼 **송신자가 사용하는 프로토콜은 SMTP이고, 수신자가 이메일을 받을 때 사용하는 것은 POP3 프로토콜입니다.**

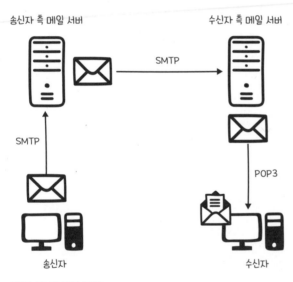

송신자 측 메일 서버

수신자 측 메일 서버

SMTP

SMTP

POP3

송신자

수신자

그림 7-23 | SMTP와 POP3

이 과정을 자세히 살펴볼까요?

1 송신자와 메일 서버 간의 통신

먼저 사용자(컴퓨터 A)가 메일 서버에 이메일을 보내는 과정입니다.

① 컴퓨터 A는 메일 서버에 25번 포트(SMTP 프로토콜)로 통신을 하겠다고 알립니다. 그러면 메일 서버는 OK 신호와 함께 자신의 이름을 알려줍니다.

② 통신을 위한 준비가 되었으니 이번에는 내가 누구인지 알립니다. '컴퓨터 A'라는 이름을 알리면 메일 서버는 역시 OK로 응답합니다.

③ 내 이메일 주소를 메일 서버에 알려주면, 메일 서버는 OK로 응답합니다.

④ 이번에는 상대방에 대한 이메일 주소를 알려주고 OK를 응답으로 받습니다.

⑤ 메일 서버에 이메일 본문을 전달하면, 메일 서버는 OK로 응답합니다.

⑥ 마지막으로 연결을 종료하겠다고 메일 서버에 전달하면 메일 서버는 연결을 종료합니다.

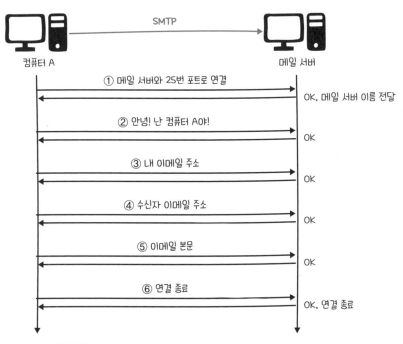

그림 7-24 | 이메일 송신

2 메일 서버 간의 통신

메일 서버 간의 통신도 알아봅시다. 메일 서버 간에 이메일을 주고받는 과정 역시 SMTP 프로토콜을 사용합니다. 단지 그 과정이 조금 다를 뿐이죠.

① 송신자 측 메일 서버는 해당 이메일을 수신자 측 메일 서버에 전달합니다. 이때 25번 포트를 사용하는 SMTP 프로토콜을 사용합니다. 이것으로 송신자 측 메일 서버의 역할은 끝납니다.

② 이후 수신자 측 메일 서버는 사용자 A가 보낸 이메일을 사용자 B의 편지함[6]에 저장합니다.

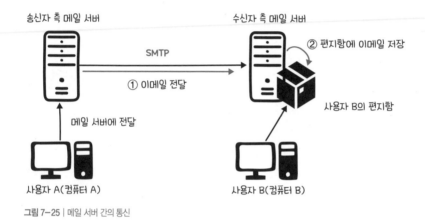

그림 7-25 | 메일 서버 간의 통신

3 메일 서버와 수신자 간의 통신

마지막으로 수신자가 이메일을 확인하는 과정을 알아보겠습니다.

① 사용자 B는 110번 포트(POP3 프로토콜)로 메일 서버에 연결을 시도합니다.

---

6 사용자들의 이메일이 저장되는 장소입니다.

② 연결이 수립되면 사용자가 누구인지 밝힙니다.

③ 내 편지함에서 이메일을 확인하기 위한 패스워드를 알려줍니다. 즉, 인증된 사용자인지 확인하는 과정이라고 이해하면 됩니다.

④ 그러면 사용자 B는 메일 서버에 이메일이 있다는 것을 확인할 수 있습니다.

⑤ 이후 해당 이메일을 컴퓨터 B로 내려받습니다.

⑥ 이메일을 내려받았으면 메일 서버와의 연결을 종료합니다.

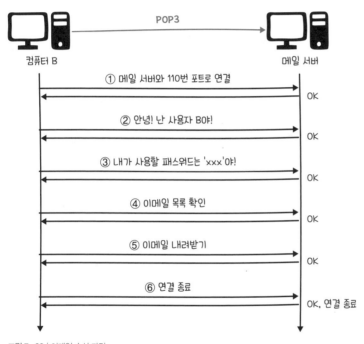

그림 7-26 | 이메일 수신 과정

POP3는 편지함에서 이메일을 가져오면 서버에서 이메일이 삭제됩니다. 삭제되는 것을 원하지 않을 때에는 IMAP(Internet Access Message Protocol)을 사용하면 됩니다.

정리하면 이메일을 보낼 때는 SMTP 프로토콜을 사용하고, 수신자가 이메일을 확인할 때는 POP3/IMAP이라는 프로토콜을 사용합니다.

응용 계층에서 사용하는 로드 밸런서

NETWORK FOR EVERYONE

응용 계층에서의 로드 밸런서는 전송 계층의 로드 밸런서 기능까지 포함하고 있습니다. 따라서 IP 주소나 포트 외에도 URI(Uniform Resource Identifier)[7], HTTP 헤더, 쿠키[8] 등의 내용을 기준으로 부하를 분산시켜주는 것이 응용 계층의 로드 밸런서입니다.

전송 계층의 로드 밸런서가 IP나 포트 번호를 기준으로 부하를 분산시키는 것만 수행했다면 응용 계층의 로드 밸런서는 서비스별로 부하를 분산시켜주는 것이 가능합니다.

예를 들어, 웹 사이트 www.a.com에 가입한 사용자가 매우 많다고 가정해보겠습니다. 그래서 서비스별로 사용자들의 부하를 분산시켜야 하는 상황입니다. 이때는 로그인만 전담하는 서버와 상품을 검색하고 결제를 처리하는 서버를 각각 분리해서 구성한 후, 각각의 서버에 맞는 사용자 접속을 분산 처리할 수 있습니다.

단순히 상품을 검색하기 위해 www.a.com 사이트에 접속한 사용자는 로그인을 시도하지 않을 것입니다(물론 나중에 상품을 구매할 때 로그인이 필요할 수는 있겠죠). 이 사용자의 경우는 바로 검색 서버로 연결해주는 것이죠. 이런 식으로 서비스별로 부하를 분산시킬 수 있습니다.

---

7   인터넷에 있는 자원을 나타내는 주소입니다.
8   어떤 웹 사이트를 방문했을 때 그 사이트의 데이터가 내 컴퓨터에 저장되는 작은 데이터를 말합니다.

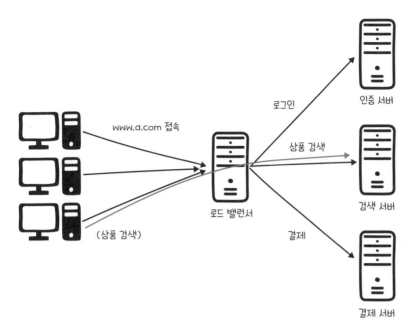

그림 7-27 | 응용 계층에서의 로드 밸런싱

전송 계층의 로드 밸런서보다는 편리하게 사용이 가능하겠죠?

지금까지 OSI 7 계층에 대해 알아봤습니다. 다음 장에서는 OSI 7 계층 전체 과정에서 데이터가 어떻게 이동하는지 구체적으로 알아보겠습니다.

복습하기

NETWORK FOR EVERYONE

7장은 어땠나요? 지금까지 배운 내용을 복습할 수 있도록 연습 문제와 용어 정리를 준비했습니다. 꼭 풀어보세요.

 연습 문제

( ) 안에 알맞은 단어를 넣어주세요.

1. 이메일 송신에 사용되는 프로토콜은 (   )이고, 이메일 수신에 사용되는 프로토콜은 (   )입니다.

2. 사용자가 URL을 입력하는 행위를 (   )이라고 하며, 서버는 사용자의 요청에 (   )을 합니다.

3. HTTP 메서드는 종류로는 (   ), (   ), (   ), (   ), (   )가 있습니다.

4. HTTP 버전은 (   ), (   ), (   ) 순서로 진화했습니다.

5. (   )이란 클라이언트가 요청한 콘텐츠가 다른 곳에 있다는 것을 의미합니다.

6. 응용 계층의 (   )는 IP나 포트 외에도 URI, HTTP 헤더, 쿠키 등의 내용을 기준으로 부하를 분산시켜줍니다.

7. POP3와 IMAP의 차이는 이메일 본문의 (   ) 여부입니다.

2 **용어 정리**

Lesson 30~35에서 배운 핵심 용어를 정리합니다.

- **GET**: HTTP 메서드는 메시지 중 서버로부터 데이터를 취득할 때 사용합니다.

- **파싱(Parsing)**: 어떤 페이지(문서, HTML 등)에서 내가 원하는 데이터를 특정 패턴이나 순서로 추출하여 정보를 가공하는 것입니다.

- **킵얼라이브(Keepalive)**: 연결이 한번 수립되면 데이터 교환을 마칠 때까지 유지하고, 데이터 교환이 끝나면 연결을 끊는 구조입니다.

- **DNS(Domain Name System) 서버**: IP 주소를 도메인 주소로 변경해주는 것이 DNS 서버입니다.

- **DHCP(Dynamic Host Configuration Protocol)**: DHCP 서버는 사용자들에게 IP 주소를 자동으로 할당하거나 회수하는 것을 자동으로 해주는 서버입니다.

- **HTTP(HyperText Transfer Protocol)**: 클라이언트와 서버가 어떻게 데이터를 교환할지 정해 놓은 규칙으로 80번 포트를 사용합니다.

MEMO

8장

[초급편]
네트워크 구조 이해하기

예시를 통한
네트워크 흐름
이해하기

이 장에서는 지금까지 배운 OSI 7 계층의
네트워크 흐름을 정리해보겠습니다.

이 장의 목표
• OSI 7 계층 모델을 기반으로 네트워크
  전반적인 흐름을 이해한다.

웹 사이트에 접속하기 위한
네트워크 흐름

NETWORK FOR EVERYONE

사용자가 웹 사이트에 접속하기까지의 전반적인 흐름을 알아보기 전에 OSI 7 계층을 다시
알아볼까요? OSI 7 계층은 총 7개 계층으로 구성되어 있으며 각 계층을 통과할 때마다 헤더
가 덧붙여진다고 했습니다.

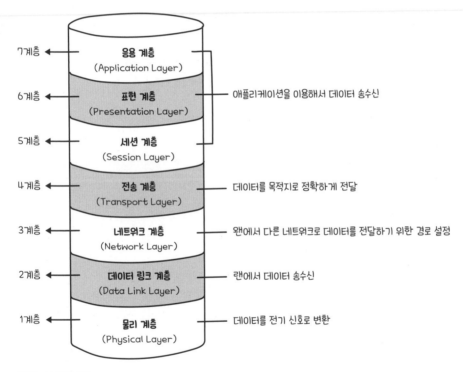

7계층 ← 응용 계층 (Application Layer)	애플리케이션을 이용해서 데이터 송수신
6계층 ← 표현 계층 (Presentation Layer)	
5계층 ← 세션 계층 (Session Layer)	
4계층 ← 전송 계층 (Transport Layer)	데이터를 목적지로 정확하게 전달
3계층 ← 네트워크 계층 (Network Layer)	왠에서 다른 네트워크로 데이터를 전달하기 위한 경로 설정
2계층 ← 데이터 링크 계층 (Data Link Layer)	랜에서 데이터 송수신
1계층 ← 물리 계층 (Physical Layer)	데이터를 전기 신호로 변환

그림 8-1 | OSI 7 계층

통신을 위한 예제를 하나 살펴보겠습니다. 다음은 앞에서 이미 많이 봤던 그림입니다. 랜에서의 통신에는 스위치 장비가, 왠에서의 통신에는 라우터가 필요하다고 했습니다. 그리고 랜에서는 MAC 주소만 있어도 통신이 가능했지만, 왠에서는 컴퓨터 간의 통신을 위해 IP 주소를 이용했습니다. 다음 그림을 주의 깊게 봐주세요. 앞으로 데이터 흐름을 알아보기 위한 기본 구조가 될 테니까요.

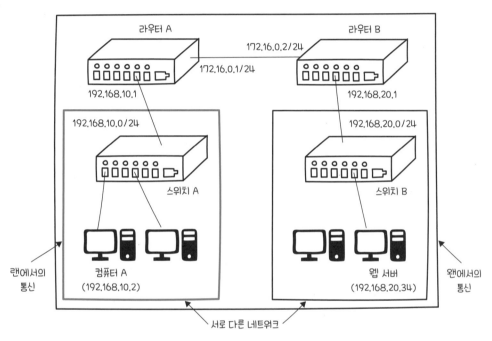

그림 8-2 | 통신 흐름을 위한 예시

또한, 송신자와 수신자에 따라 OSI 7 계층 중 어떤 계층에서 시작하는지가 달라집니다. 먼저 데이터를 보내는 송신자는 7계층부터 시작해서 데이터에 헤더를 하나씩 추가해나가고, 수신자는 1계층부터 헤더를 하나씩 벗겨내면서 최종적으로 데이터를 취득하게 됩니다.

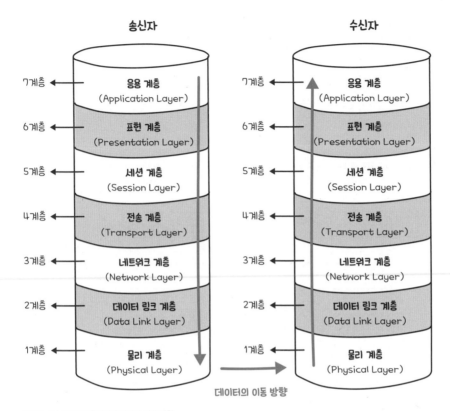

그림 8-3 | OSI 7 계층에서의 데이터 이동 방향

다음 Lesson부터 웹 브라우저에서 데이터를 검색하는 과정을 통해 데이터가 어떻게 흘러가
는지 살펴보겠습니다.

웹 브라우저에서 데이터 검색하기

NETWORK FOR EVERYONE

가장 먼저 사용자 입장에서 웹 브라우저를 열어 http://www.google.com을 입력하는 것부터 시작해보겠습니다.

1 데이터를 보내는 송신자 관점에서 네트워크 이해하기

웹 브라우저를 사용한다는 의미는 현재 우리가 응용 계층에 있다는 의미입니다. 우리는 인간의 언어인 한국어나 영어를 사용하지만 컴퓨터는 0과 1만 인식하기 때문에 인간인 우리가 컴퓨터와 상호 작용하기 위해서는 애플리케이션이라는 매개체가 필요합니다.

이제 웹 브라우저를 열어 http://www.google.com을 입력합니다. 물론 사용자와 서버는 3방향 핸드셰이크로 연결이 확립된 상태입니다.

웹 브라우저에서 http://www.google.com을 사용한다는 것은 HTTP 프로토콜과 80번 포트를 사용한다는 의미입니다. 그리고 데이터를 4계층으로 보내야 하는데, 여기서 데이터는 무엇일까요? 바로 http://www.google.com 웹 사이트의 첫 페이지를 보여달라는 요청입니다. 그렇다면 첫 페이지는 무엇일까요? 일반적으로 웹 사이트의 첫 페이지는 'index.html'이라는 이름을 갖습니다.

실제로 웹 브라우저에서 http://www.google.com/index.html을 입력해보세요. http://www.google.com과 동일한 화면이 나타납니다. 단지 http://www.google.com/index.html이 아닌 http://www.google.com을 사용하는 이유는 'index.html'은 생략이 가능하기 때문에 주소를 좀 더 간단하게 보여주기 위해서입니다.

이제 HTTP를 사용할 수 있는 형식에 맞게 요청만 하면 되겠죠? 형식은 간단합니다. 먼저 데이터를 가져올 것인지, 수정할 것인지를 지정하기 위해 GET, POST, PATCH, DELETE 중 하나의 메서드를 사용합니다. 이후 가져올 '경로/파일명'과 HTTP 버전을 정의합니다.

다음 예제에서는 데이터를 가져오기 위한 용도이므로 GET 메서드를 사용했으며, 경로 없이 index.html만 지정했습니다. 또한, HTTP 버전은 가장 많이 사용하는 1.1을 사용하겠다고 정의했고요.

그림 8-4 | 응용 계층에서의 데이터 전달

이렇게 응용 계층에서 요청할 데이터가 정의되었습니다. 이제 데이터는 전송 계층으로 전달됩니다. 그러면 전송 계층에서 헤더가 추가될 것입니다. 그리고 전송 계층의 헤더에는 포트번호가 필요하겠죠? 우리는 웹 브라우저에서 http://www.google.com을 입력했기 때문에 서버에서는 80번 포트를 사용할 것이고요. 하지만 실제로 http://www.google.com을 입력하면 https://www.google.com으로 자동으로 변환되기 때문에 443번 포트가 사용됩니다. https는 사용자의 웹 브라우저와 서버가 암호화된 연결을 유지하기 때문에 안전한 통신을 위해 사용합니다. 설명의 편의상 자동 변환은 고려하지 않고 http://www.google.com 상태라고 가정하겠습니다. 그럼 데이터를 요청하는 내 포트 번호는 무엇일까요? 동일하게 80번 포트 번호를 사용하는 것일까요?

결론부터 말하자면 그렇지 않습니다. 80번이나 25번과 같은 포트 번호는 이미 사용처가 정해져 있습니다. '80번 포트는 웹 서버에서만 사용할 것이다', '25번 포트는 이메일 송신 용도로만 사용할 것이다'라고 정해놓았습니다. 그래서 이것들은 사용자가 사용할 수 있는 포트가 아닙니다. 즉, 0번~1023번 포트는 그 쓰임새가 명확하기 때문에 사용자들은 1024번~49151번 사이의 포트 번호를 임의로 사용합니다.

그래서 다음 예제에서는 1024번~49151번 사이의 임의의 포트 번호 중 1025를 지정해두었습니다.

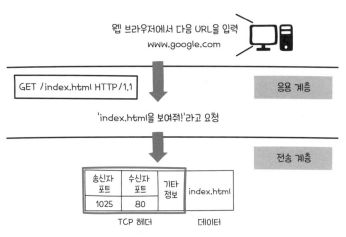

그림 8-5 | 전송 계층에서의 데이터 전달

앞 장에서 이렇게 헤드가 덧붙여진 데이터를 일반적으로 데이터라고 하지 않고, 세그먼트라고 한다는 것도 이야기했습니다. 그리고 헤더가 덧붙여지는 과정을 캡슐화라고 했던 것도 기억하고 있겠죠?

이제 데이터를 바로 아래 계층인 네트워크 계층으로 넘겨보겠습니다. 네트워크 계층에서도 역시 헤더가 덧붙여지는데, 여기서의 핵심은 IP 주소입니다. 가장 먼저 상대방의 IP 주소를 알아내는 것이 중요합니다. 이때 필요한 것이 라우터라고 했던 것을 기억할 수 있겠죠? 라우터를 통해 상대방의 IP 주소를 알아냈다면 헤더에 나의 IP 주소와 상대방의 IP 주소를 헤더에 추가합니다. 그리고 이렇게 추가된 데이터를 패킷이라고 부릅니다.

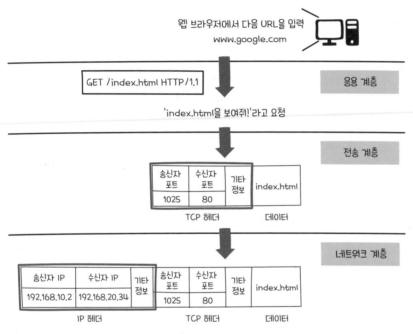

그림 8-6 | 네트워크 계층에서의 데이터 흐름

이제 패킷을 데이터 링크 계층으로 보내야 합니다. 데이터 링크 계층에서도 헤더를 추가해야 하는데, 여기에는 송신자와 수신자의 MAC 주소가 포함되어야 합니다. 그런데 이때 주의해야 할 점이 있습니다. 서로 다른 네트워크 간의 통신에서는 수신자의 MAC 주소를 모르기 때문에 내가 속한 라우터(예 라우터 A)를 수신자의 MAC 주소로 기입해야 합니다. 그러면 라우터 A가 이후 통신을 책임질 테니까요.

또한, 이렇게 헤더까지 추가된 데이터를 프레임이라고 부른다고 했습니다.

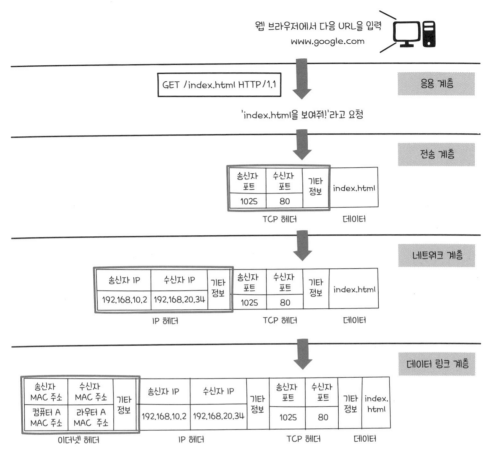

그림 8-7 | 데이터 링크 계층에서의 데이터 흐름

이제 데이터는 마지막으로 물리 계층으로 전달됩니다. 여기서는 프레임을 전기 신호로 변환하는 작업이 이뤄집니다. 그리고 전기 신호로 변환하는 주체가 랜 카드인 것은 잘 기억하고 있겠죠?

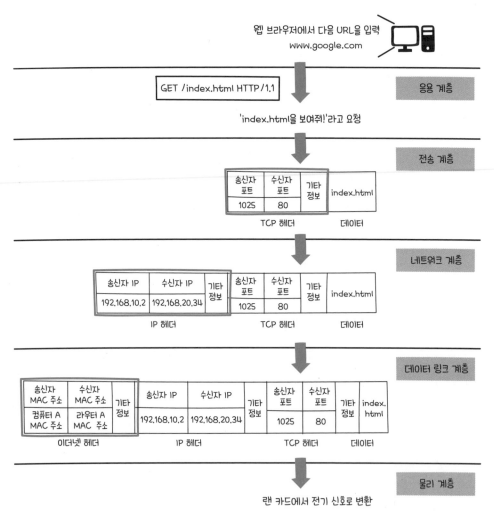

그림 8-8 | 물리 계층에서의 데이터 흐름

지금까지 사용자가 웹 브라우저에서 http://www.google.com을 입력했을 때의 과정이었습니다. 그럼 이번에는 스위치와 라우터 관점에서 통신이 어떻게 이루어지는지 알아보겠습니다.

이번에는 장비 관점에서의 데이터 흐름에 대해 알아보겠습니다. 장비 관점이라는 의미는 스위치와 라우터가 추가되면서 통신의 흐름이 어떻게 바뀌는지를 알아보는 것입니다.

예를 들어 송신자에서 시작된 데이터는 스위치와 라우터를 거쳐 다음과 같은 순서로 흘러갑니다.

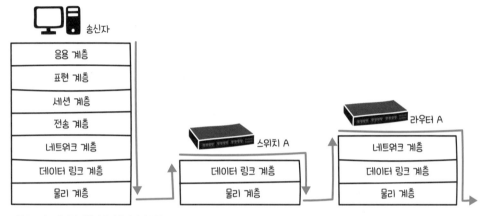

그림 8-9 | 스위치와 라우터에서의 데이터 흐름

자세한 설명을 위해 먼저 앞에서 봤던 그림을 다시 가져오겠습니다. 컴퓨터 A가 웹 서버에 데이터를 요청하기 위해서는 먼저 스위치 A를 거치게 됩니다.

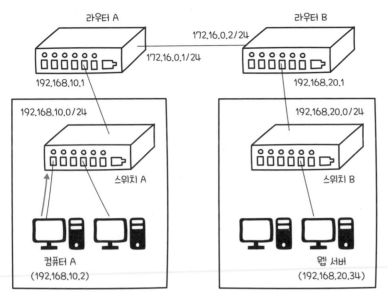

그림 8-10 | 컴퓨터 A가 웹 서버에게 데이터를 요청

이때 스위치는 웹 서버의 MAC 주소를 알아내기 위한 용도로 사용되지만, 스위치 A도 웹 서버의 MAC 주소를 가지고 있을 리 없습니다. 웹 서버는 다른 네트워크에 있으니까요. 따라서 수신자의 MAC 주소를 라우터 A의 MAC 주소로 변경합니다. 이후 물리 계층에서 데이터를 전기 신호로 변환하여 라우터 A로 전달합니다.

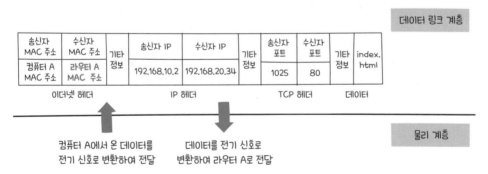

그림 8-11 | 라우터로 넘겨진 데이터

라우터 A로 넘어온 데이터는 수신자 IP를 확인하기 위해 헤더를 뜯어보게 됩니다.

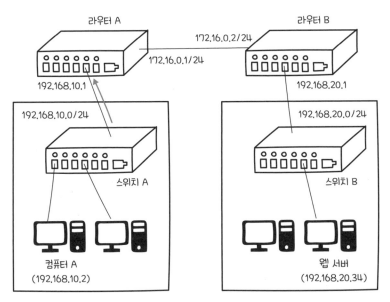

그림 8-12 | 라우터 B로 데이터 전달하기 위한 준비

먼저 라우터 A는 데이터 링크 계층에서 수신자의 MAC 주소를 자기 자신의 것과 비교한 후
자기 자신과 같으면 이더넷 헤더를 떼어내고 데이터를 네트워크 계층에 전달합니다.

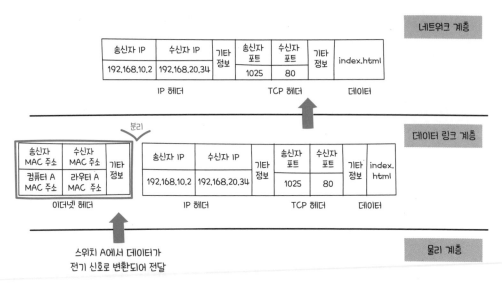

그림 8-13 | 이더넷 헤더의 분리

네트워크 계층으로 전달된 데이터는 다음과 같은 형태입니다.

송신자 IP	수신자 IP	기타 정보	송신자 포트	수신자 포트	기타 정보	index.html
192.168.10.2	192.168.20.34		1025	80		
IP 헤더			TCP 헤더			데이터

그림 8-14 | 네트워크 계층에서의 헤더

이제 라우터는 라우팅 테이블에서 수신자 IP 주소가 등록되어 있는지 확인합니다. 등록되어 있다는 가정하에 설명을 계속하겠습니다. 라우터가 수신자의 IP 주소를 알고 있으니 이 주소를 찾아갈 경로를 설정할 텐데요. 그러기 위해 먼저 송신자의 IP 주소를 자신의 IP 주소, 특히 왠 환경에서 사용할 수 있는 IP 주소로 교체합니다. 그래야 다른 라우터와 통신이 가능하기 때문이죠.

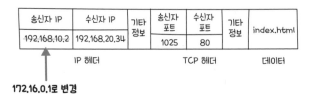

172.16.0.1로 변경

그림 8-15 | 바뀐 송신자 IP

참고로 다음 그림의 라우터 A와 라우터 B는 2개의 IP 주소를 가지고 있습니다. 예를 들어 라우터 A는 192.168.10.1과 172.16.0.1/24를 가지고 있는데요. 192.168.10.1은 내부 컴퓨터들이 사용하는 라우터 A의 IP 주소이며, 172.16.0.1/24는 다른 외부 네트워크와 통신하기 위한 IP 주소입니다.

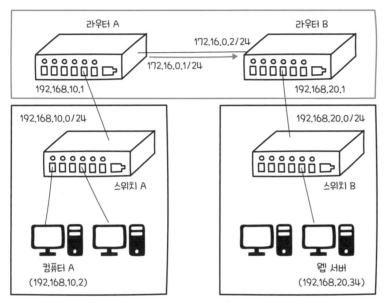

그림 8-16 | 라우터 A와 라우터 B의 통신

라우터 간의 통신에서 중요한 것은 송신자의 MAC 주소를 라우터 A 자신의 MAC 주소로 바꾸고 수신자의 MAC 주소를 라우터 B의 MAC 주소로 바꾸는 것입니다. 번거롭게 왜 이런 작업을 하는 걸까요? 간단합니다. 지금의 통신은 라우터 A와 라우터 B 간의 통신이기 때문입니다. 그러니 컴퓨터 A와 웹 서버의 MAC 주소가 아닌 라우터 A와 라우터 B의 MAC 주소가 필요한 것입니다.

이렇게 해서 송신자 IP 주소와 MAC 주소가 모두 라우터 A가 사용하는 것들로 변경되었습니다. 이 정보를 데이터 링크 계층으로 보내는데, 이때 앞에서 바꿨던 이더넷 헤더를 다시 결합시켜줍니다. 그러고 나서 물리 계층으로 내려보내면 여기서는 데이터를 전기 신호로 바꾸어서 라우터 B로 전달합니다.

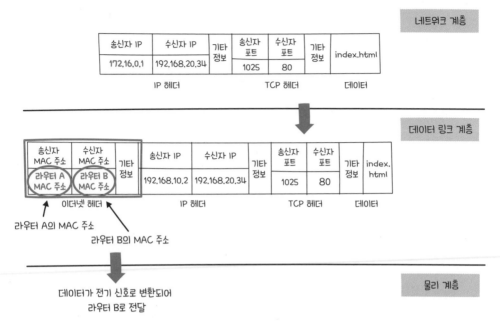

송신자 IP	수신자 IP	기타 정보	송신자 포트	수신자 포트	기타 정보	index.html
172.16.0.1	192.168.20.34		1025	80		

IP 헤더   TCP 헤더   데이터

네트워크 계층

데이터 링크 계층

송신자 MAC 주소	수신자 MAC 주소	기타 정보	송신자 IP	수신자 IP	기타 정보	송신자 포트	수신자 포트	기타 정보	index. html
라우터 A MAC 주소	라우터 B MAC 주소		192.168.10.2	192.168.20.34		1025	80		

이더넷 헤더   IP 헤더   TCP 헤더   데이터

라우터 A의 MAC 주소

라우터 B의 MAC 주소

물리 계층

데이터가 전기 신호로 변환되어
라우터 B로 전달

그림 8-17 | 라우터 B로 전달된 데이터의 흐름

전기 신호로 변환된 데이터가 케이블을 통해 라우터 B에 도착하면 어떤 일들이 벌어지는지
살펴보겠습니다.

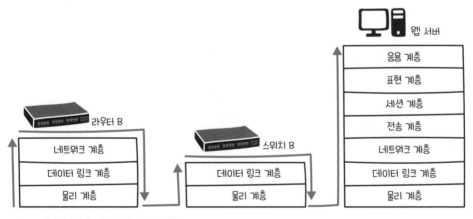

그림 8-18 | 바뀐 송신자 IP 주소를 전기 신호로 변환

사실 라우터 B에서도 라우터 A에서와 동일한 과정이 반복됩니다. 먼저 데이터 링크 계층에서 목적지 MAC 주소가 자신의 MAC 주소와 동일하면 이더넷 헤더를 분리시킨 후 네트워크 계층으로 보냅니다. 네트워크 계층에서는 수신자 IP 주소가 자신의 라우팅 테이블에 있는지 확인합니다.

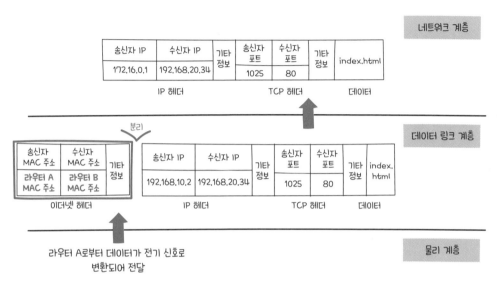

그림 8-19 | 라우터 B에서 진행되는 흐름

192.168.20.34라는 IP는 라우터 B의 라우팅 테이블에서 찾을 수 있습니다. 이제 192.168.20.34라는 IP 주소를 갖는 웹 서버에게 데이터를 전달한 후 컴퓨터 A에게 http://www.google.com 내용을 전달해야 하는데, 이때 문제가 하나 발생합니다. 바로 송신자의 IP 주소가 172.16.0.1 상태라는 것이죠. 현재 우리가 통신하고 있는 단계는 다음과 같습니다. 즉, 라우터 B와 스위치 B와의 통신인 것이죠.

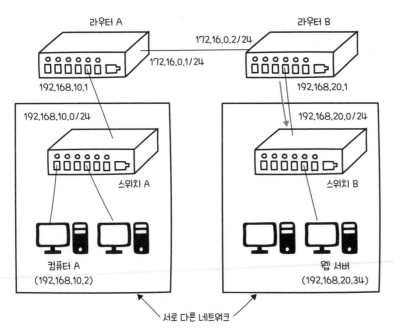

라우터 A

라우터 B

172.16.0.2/24

172.16.0.1/24

192.168.10.1

192.168.20.1

192.168.10.0/24

192.168.20.0/24

스위치 A

스위치 B

컴퓨터 A
(192.168.10.2)

웹 서버
(192.168.20.34)

서로 다른 네트워크

그림 8-20 | 라우터 B와 스위치 B 간의 통신

그래서 송신자 IP 주소는 다시 라우터 B의 IP 주소로 변경되어야 합니다. 단, 내부 통신이기 때문에 172.16.0.2가 아닌 192.168.20.1이 되어야 합니다. 이렇게 변경된 헤더는 데이터 링크 계층으로 보내집니다.

또한, 데이터 링크 계층에서는 다시 이더넷 헤더를 결합시키면서 MAC 주소를 변경합니다. 송신자의 MAC 주소는 라우터 B의 주소로 변경하고, 수신자의 MAC 주소는 웹 서버 주소로 변경합니다.

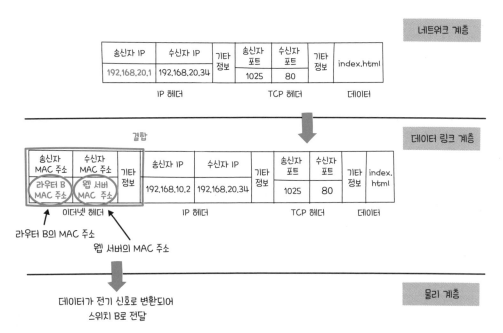

그림 8-21 | 라우터 B와 웹 서버의 통신

이후 데이터는 물리 계층에서 전기 신호로 변환된 후 스위치 B로 전달됩니다. 그러면 스위치 B는 데이터 링크 계층에서 이더넷 헤더를 다시 결합시킵니다. 이후 물리 계층에서 데이터를 전기 신호로 변환하여 웹 서버에 전달합니다.

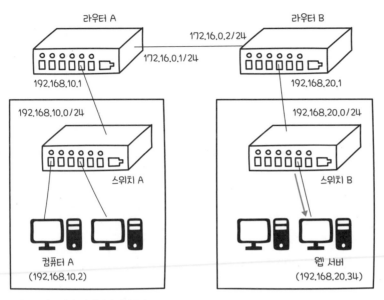

그림 8-22 | 스위치 B와 웹 서버 간의 통신

헤더가 포함된 구조로 표현하면 다음과 같습니다.

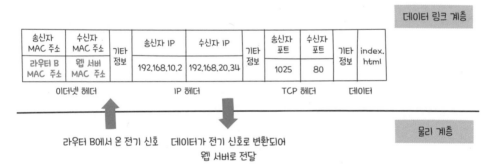

송신자 MAC 주소	수신자 MAC 주소	기타 정보	송신자 IP	수신자 IP	기타 정보	송신자 포트	수신자 포트	기타 정보	index. html
라우터 B MAC 주소	웹 서버 MAC 주소		192.168.10.2	192.168.20.34		1025	80		
이더넷 헤더			IP 헤더			TCP 헤더		데이터	

그림 8-23 | 스위치 B에서 웹 서버로 전기 신호 전달

장비 관점에서 통신이 어떻게 이루어지는지 살펴봤습니다. 조금 복잡할 수도 있지만, 간단히 정리하면 송신자에서 수신자까지 중간에 라우터를 만나면 MAC 주소와 IP 주소를 바꿔주어야 한다는 것입니다.

마지막으로 웹 서버에 도착한 데이터를 어떻게 처리하는지 알아봅시다.

3 데이터를 받는 수신자 관점에서 네트워크 이해하기

웹 서버에 도착한 전기 신호는 다음과 같이 물리 계층부터 시작합니다. 그리고 역캡슐화가 진행되는 과정이기도 합니다. 스위치 B에서 온 전기 신호가 데이터 링크 계층에 전달됩니다. 그럼 데이터 링크 계층에서는 수신자 MAC 주소가 자신의 것과 같으면 이더넷 헤더를 분리시켜서 네트워크 계층으로 보냅니다.

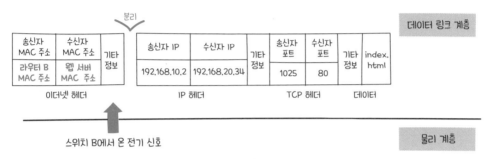

그림 8-24 | 물리 계층에서 데이터 링크 계층으로 데이터 전달

네트워크 계층에서는 수신자의 IP 주소를 확인합니다. IP 주소가 자신의 IP 주소가 맞다면 IP 헤더를 떼어내서 전송 계층으로 전달합니다.

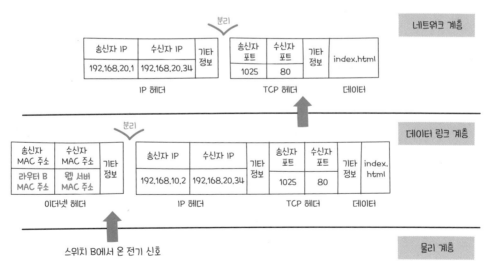

그림 8-25 | 네트워크 계층에서 하는 일

이제 전송 계층에서는 TCP 포트 번호를 확인하면 TCP 헤더를 분리하여 응용 계층으로 보냅니다.

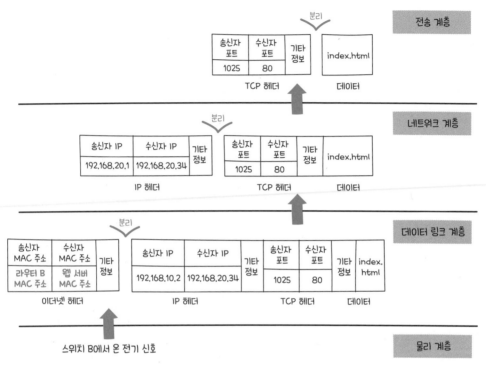

그림 8-26 | 전송 계층에서 하는 일

응용 계층에서 최종적으로 컴퓨터 A가 요청한 데이터만 남았으니 이제 웹 서버는 index.html만 컴퓨터 A에게 보여줍니다.

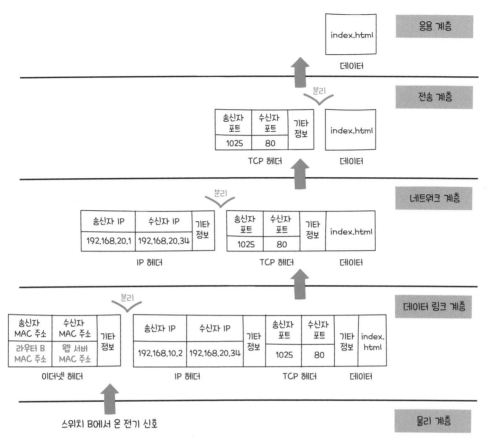

그림 8-27 | 응용 계층에서 하는 일

우리는 단순히 데이터를 요청했을 뿐인데 꽤 많은 일들이 벌어졌죠? 복잡하면서도 꽤 손이 많이 가는 작업이었지만 이 모든 과정이 자동으로 이뤄집니다.

우리가 일상에서 많이 하는 인터넷 검색, 이메일을 주고받는 것 등의 모든 행위는 이와 같이 복잡한 네트워크 과정의 반복인 것입니다.

지금까지 유선 환경에서의 네트워크 통신에 대해 알아봤습니다. 하지만 요즘에는 유선보다는 무선을 많이 사용합니다. 마지막으로 다음 장에서 무선 네트워크에 대해 짧게 알아보겠습니다.

복습하기

NETWORK FOR EVERYONE

8장은 어땠나요? 지금까지 배운 내용을 복습할 수 있도록 연습 문제와 용어 정리를 준비했습니다. 꼭 풀어보세요.

 연습 문제

( ) 안에 알맞은 단어를 넣어주세요.

1. 웹 서버에서 사용하는 포트 번호는 (   )입니다.

2. 전송 계층의 헤더에 핵심이 되는 데이터는 (   )입니다.

3. 네트워크 계층의 헤더에 핵심이 되는 데이터는 (   )입니다.

4. 데이터 링크 계층의 헤더에 핵심이 되는 데이터는 (   )입니다.

5. 물리 계층에서 데이터가 (   )로 변환됩니다.

6. 데이터 링크 계층에서 사용되는 헤더를 (   )라고 부릅니다.

7. 통신 중에 새로운 라우터를 만날 때마다 (   )와 (   ) 정보가 바뀝니다.

Lesson 36~37에서 배운 핵심 용어를 정리합니다.

- **OSI 7 계층**: OSI 7 계층은 컴퓨터와 컴퓨터가 통신하는 구조를 7개의 계층으로 정의해둔 약속, 즉 프로토콜입니다.

- **스위치(Switch)**: 스위치는 허브와 같이 컴퓨터나 프린터 등을 연결하여 공유하는 것 외에도 스위치 포트에 연결된 컴퓨터의 MAC 주소를 관리합니다.

- **라우터(Router)**: 라우터는 네트워크와 네트워크 간의 경로(Route)를 설정하고 가장 빠른 길로 트래픽을 이끌어주는 네트워크 장비입니다.

- **헤더(Header)**: 헤더는 네트워크에서 데이터 송/수신에 필요한 부가적인 정보를 담고 있는 부분입니다.

- **패킷(Packet)**: 패킷은 네트워크 계층에서 사용되는 데이터 단위입니다.

- **프레임(Frame)**: 데이터 링크 계층에서 사용되는 데이터 단위입니다.

- **세그먼트(Segment)**: 전송 계층에서 사용되는 데이터 단위입니다.

MEMO

9장

무선으로
통신하기

이 장에서는 무선 랜에 대해 다룹니다.

이 장의 목표
- 무선 랜의 개념에 대해 이해한다.
- 무선 랜의 구성 및 통신 방법에 대해 이해한다.
- 무선 랜의 규격에 대해 이해한다.

요즘에는 랜 케이블을 컴퓨터와 연결하여 사용하는 경우는 흔하지 않습니다. 특히 문서 작업을 하던 도중 인터넷을 검색하거나 동영상을 시청하는 경우에도 무선 랜 환경만으로 충분하기 때문에 유선 랜의 필요성은 더 줄어들고 있습니다.

무선 랜(Wireless Local Area Network)은 유선 랜과 달리 케이블 없이 통신하는 네트워크입니다. 무선 랜은 무선 액세스 포인트를 통해 인터넷에 연결됩니다. **무선 액세스 포인트 (Wireless Access Point)는 유선 랜과 무선 랜을 연결해주는 장치입니다. 그리고 여기에 연결된 노트북, 태블릿 등을 클라이언트(Client)라고 합니다.** 참고로 무선 액세스 포인트를 '무선 공유기'라고 부르기도 합니다.

무선 랜은 주로 가정, 사무실, 학교 등 작은 범위의 공간에서 사용되며 모바일 기기나 노트북 등의 이동성이 높은 기기에서도 쉽게 사용할 수 있는 장점이 있습니다.

무선 액세스 포인트

노트북

태블릿

스마트폰

클라이언트

그림 9-1 | 무선 랜

무선 랜 환경을 위해 무선 액세스 포인트가 필요하다는 것은 알겠는데, 이것으로 어떻게 통신이 가능한 것일까요?

무선 랜은 전자기파(electromagnetic wave)를 사용하여 데이터를 전송합니다. 전자기파는 전기적인 변화가 일어날 때 생기는 파동[1]으로 전기장[2]과 자기장[3]이 번갈아 가며 발생하는데, 이것을 이용하면 무선 환경에서 통신이 가능합니다.

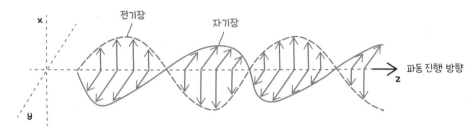

그림 9-2 | 전기장과 자기장

무선 랜은 일반적으로 2.4GHz 또는 5GHz의 무선 주파수 대역을 사용하여 통신합니다. 다음 그림과 같이 저주파(2.4Ghz)일수록 파장이 길고, 고주파(5Ghz)일수록 파장이 짧습니다. 파장이 길수록 전파가 멀리 전달되고 파장이 짧을수록 전파가 멀리 가지 않습니다. 그렇기 때문에 무선 랜에서 2.4Ghz가 5Ghz보다 넓은 범위에서 인터넷을 사용할 수 있는 환경을 지원합니다.

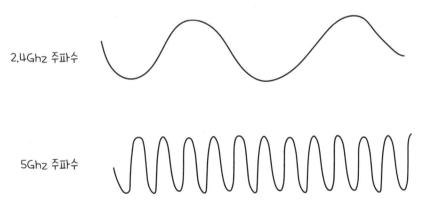

그림 9-3 | 2.4Ghz와 5Ghz 주파수

---

1 공간상에서 평형 상태로부터의 변화 혹은 진동이 전달되는 현상을 말합니다.
2 전하 사이의 공간에서 끌어당기거나 밀어내는 힘을 말합니다.
3 자석이나 전류에 의해 자기력이 작용하는 공간을 말합니다.

일반적으로 전파의 거리 및 성능은 많은 요인에 영향을 받습니다. 거리가 먼 곳으로 갈수록 전파는 약해지며 장애물이나 다른 전자기파와의 간섭도 전파의 성능에 영향을 미칩니다. 따라서 무선 랜 설치 시 전파의 안정성을 고려하여 안테나의 위치나 방향 등을 조절하는 것이 필요합니다.

LESSON 39

무선 랜의 구성 방식

NETWORK FOR EVERYONE

무선 랜을 구성하는 방식에는 인프라스트럭처와 애드혹 2가지가 있습니다.

인프라스트럭처(Infrastructure) 방식은 무선 랜 네트워크에 연결된 모든 장치가 무선 액세스 포인트에 연결되는 방식입니다. 즉, 모든 장치가 무선 액세스 포인트와 통신하며 무선 액세스 포인트가 장치들 간의 통신을 중재합니다. 이 방식은 대부분의 집과 사무실에서 사용되며 안정적이고 안전한 무선 네트워크 환경을 제공합니다.

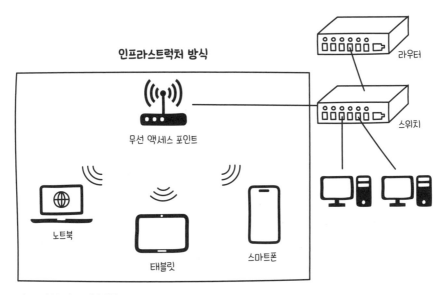

그림 9-4 | 인프라스트럭처 방식

애드혹(Ad-hoc) 방식은 무선 액세스 포인트 없이 장치 간에 직접 통신을 합니다. 이 방식은 다음 그림과 같이 컴퓨터들끼리 서로 연결되어 정보를 교환하고 통신할 수 있습니다. 따라서 애드혹 네트워크는 보통 작은 범위 내에서 사용되는 경우가 많습니다.

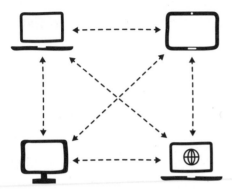

그림 9-5 | 애드혹 방식

무선 랜의 규격

LESSON
40

NETWORK FOR EVERYONE

무선 랜의 규격에 대해 이야기하기 전에 규격이 무엇인지 먼저 알아봅시다. 규격은 제품, 시스템, 서비스 등에 대한 요구 사항과 기술적인 세부 사항을 정의한 문서입니다. 예를 들어 무선 랜 기술은 IEEE(전기전자기술자협회)에서 제정한 규격에 따라 동작하는데 데이터 전송 속도, 주파수 대역, 보안 기능, 전송 거리 등의 세부 사항이 정의되어 있습니다.

무선 랜은 IEEE에서 제정한 802.11 시리즈 규격에 따라 작동됩니다. 다양한 무선 랜 규격 중에서 많이 사용되는 것은 다음과 같습니다.

표 9-1 | 무선 랜 통신 규격

규격	대역	최대 전송 속도	장/단점
802.11a	5GHz	54Mbps	장점: 무선 랜 장치 간의 간섭이 적음 단점: 짧은 거리에서만 동작
802.11b	2.4GHz	11Mbps	장점: 넓은 범위에서 사용 가능 단점: 보안이 약함
802.11g	2.4GHz	54Mbps	장점: 높은 전송 속도 단점: 신호 간섭 문제
802.11n	2.4GHz 및 5GHz	600Mbps	장점: 보안 기능 강화 단점: 혼잡한 환경에서는 전송 속도가 느리고 간섭 문제가 발생
802.11ac	5GHz	1Gbps	장점: 무선 표준보다 훨씬 높은 전송 속도 단점: 이전의 무선 표준보다는 더 좁은 범위에서 작동
802.11ax	2.4GHz 및 5GHz	9.6Gbps	장점: 대용량 파일의 전송이나 스트리밍 서비스에서도 끊김 없는 고품질의 서비스를 제공 단점: 거리에 따라 전송 속도가 감소

그런데 무선 액세스 포인트나 여기에 연결되는 클라이언트는 하나의 규격만 지원하는 것은 아닙니다. 기술이 발전할수록 규격도 바뀌기 때문에 장치(예 무선 액세스 포인트와 노트북, 태블릿 등)도 그 규격을 따라야 합니다.

예를 들어 무선 액세스 포인트에서 801.11g, 801.11n, 801.11ac 규격을 제공한다면 다음과 같이 표현할 수 있습니다.

> 802.11g/n/ac

그리고 이러한 규격은 무선 액세스 포인트와 클라이언트에서 모두 제공해야 통신할 수 있습니다. 다음 그림의 경우 무선 액세스 포인트에서는 802.11ax 규격을 지원하지 않지만 노트북은 지원합니다. 그러면 노트북과 무선 액세스 포인트 간의 통신에서는 802.11ax 규격을 사용할 수 없습니다. 하지만 802.11g/n/ac 규격으로는 통신이 가능합니다.

무선 액세스 포인트 — 802.11g/n/ac

802.11ax로는 통신 불가

802.11g/n/ac/ax

그림 9-6 | 규격을 이용한 통신

무선 랜의 통신 방법

NETWORK FOR EVERYONE

무선 액세스 포인트와 클라이언트의 통신에는 SSID를 이용합니다. SSID(Service Set IDentifier, 서비스 세트 식별자)는 하나의 무선 랜을 다른 무선 랜과 구분해주는 식별자로, 특정 무선 랜에 접속하려는 무선 액세스 포인트나 클라이언트는 반드시 동일한 SSID를 사용해야 합니다.

무선 액세스 포인트는 일반적으로 미리 정해진 SSID를 가지고 있습니다. 클라이언트는 이 SSID를 검색하여 해당 네트워크에 연결할 수 있으며 그 과정은 다음과 같습니다.

① 무선 액세스 포인트는 주기적으로 클라이언트에게 브로드캐스트로 비콘 메시지를 보냅니다. 비콘(Beacon)이란 가까운 범위 안에 있는 주변 기기에 정보를 전달하는 무선 통신입니다. 이 메시지 때문에 클라이언트는 주변에 있는 무선 랜 네트워크의 SSID를 검색할 수 있습니다.

② 이 신호를 받은 클라이언트는 자신의 SSID와 같은지 무선 액세스 포인트에 문의합니다.

③ 그러면 같은 SSID의 무선 액세스 포인트가 응답을 하고,

④ 설정된 인증 방식이 올바른지 확인한 후에

⑤ 클라이언트는 무선 액세스 포인트에 연결을 요청하고

⑥ 무선 액세스 포인트로부터 승인을 받습니다. 그럼 통신이 가능한 상태가 됩니다.

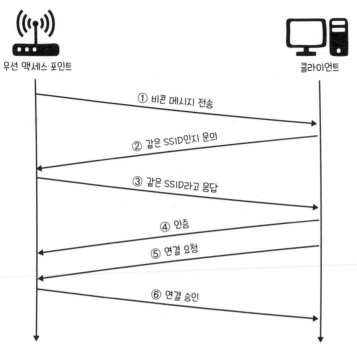

무선 액세스 포인트

클라이언트

① 비콘 메시지 전송

② 같은 SSID인지 문의

③ 같은 SSID라고 응답

④ 인증

⑤ 연결 요청

⑥ 연결 승인

그림 9-7 | 무선 랜과 통신

그런데 무선 액세스 포인트와 클라이언트 간의 거리가 멀면 어떨까요? 일반적으로 둘 간의 거리가 멀어지면 전파가 약해질 수 있겠죠? 즉, 다음과 같은 문제가 나타날 것입니다.

- 무선 액세스 포인트 연결 문제
- 통신 속도 문제

반대로 가깝다면 빠른 접속과 빠른 통신 속도를 보장하겠죠? 이런 이유로 무선 액세스 포인트는 여러 대 설치하는 것이 좋습니다. 그런데 무선 액세스 포인트를 여러 대 두면 다음과 같이 채널 간섭[4]이 발생할 수 있습니다.

---

4 같은 주파수 안에 여러 무선 액세스 포인트가 있고, 각각의 무선 액세스 포인트가 서로 부딪혀서 속도 저하를 일으키는 현상을 말합니다.

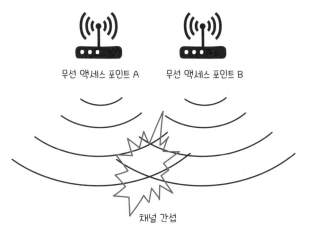

그림 9-8 | 채널 간섭

이것이 무슨 의미인지 좀 더 알아볼까요? 무선 랜은 여러 기기가 동시에 접속할 수 있도록 주파수 대역을 분리하는데, 분리된 주파수 대역을 채널이라고 부릅니다. 예를 들어 다음 그림과 같이 2.4GHz는 13개의 채널이 있으며 1채널의 폭은 5MHz입니다.

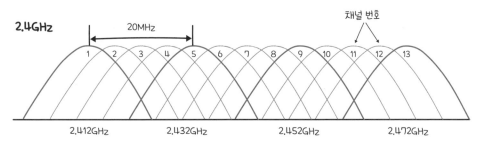

그림 9-9 | 2.4GHz의 채널 간섭

이때 2번 채널을 사용할 때 인접한 1, 5번 채널 간섭이 발생하며, 7번 채널을 사용할 때 인접한 5, 9번 채널의 간섭이 발생할 수 있습니다. 그래서 무선 액세스 포인트를 얼마나 떨어트려서 설치하는지도 중요합니다.

일반적으로 서로 다른 규격의 경우 주파수가 달라서 간섭은 발생하지 않습니다. 즉, 간섭 구간에도 통신이 가능하다는 의미입니다.

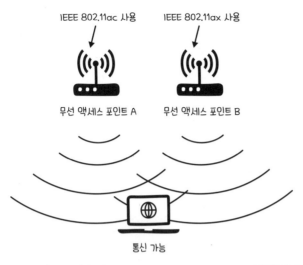

IEEE 802.11ac 사용
IEEE 802.11ax 사용

무선 액세스 포인트 A
무선 액세스 포인트 B

통신 가능

그림 9-10 | 간섭 구간의 통신

하지만 IEEE 802.11b와 IEEE 802.11g는 다른 채널이어도 일부에서 같은 주파수를 사용하기 때문에 전파 간섭이 발생할 수 있습니다. 이때에는 무선 액세스 포인트에 접속이 잘 안 되거나 통신 속도가 느려질 수 있습니다.

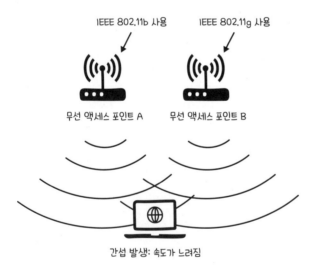

IEEE 802.11b 사용
IEEE 802.11g 사용

무선 액세스 포인트 A
무선 액세스 포인트 B

간섭 발생: 속도가 느려짐

그림 9-11 | 간섭 구간의 문제점

지금까지 무선 랜에 대해 알아봤습니다. 최근에는 휴대가 가능한 노트북 보급이 늘어나면서 무선 랜을 찾는 사용자들이 늘어나는 추세입니다. 이에 발맞추어 학교나 카페, 심지어 기업들도 무선 랜 환경을 만들어가고 있습니다.

복습하기

NETWORK FOR EVERYONE

9장은 어땠나요? 지금까지 배운 내용을 복습할 수 있도록 연습 문제와 용어 정리를 준비했습니다. 꼭 풀어보세요.

 연습 문제

( ) 안에 알맞은 단어를 넣어주세요.

1. 같은 주파수 안에 여러 무선 액세스 포인트가 있고, 각각의 무선 액세스 포인트가 서로 부딪혀서 속도 저하를 일으키는 현상을 (　　　)이라고 합니다.

2. 전자기파는 전기적인 변화가 일어날 때 생기는 파동으로, (　　　)과 (　　　)이 번갈아가며 발생합니다.

3. 무선 액세스 포인트에 연결된 노트북, 태블릿 등을 (　　　)라고 합니다.

4. 무선 랜은 일반적으로 (　　　) 또는 (　　　) 무선 주파수 대역을 사용하여 통신합니다.

5. 무선 랜을 구성하는 방식에는 (　　　)와 (　　　) 2가지가 있습니다.

6. 무선 랜은 IEEE(전기전자기술자협회)에서 제정한 (　　　) 규격에 따라 작동됩니다.

7. 2.4GHz는 (　　　)개의 채널이 있으며 1채널의 폭은 (　　　)입니다.

8. 대용량 파일의 전송이나 스트리밍 서비스에서도 끊김 없는 고품질의 서비스를 제공하는 규격은 (　　　)입니다.

정답

1. 간섭
2. 전기장, 자기장
3. 클라이언트
4. 2.4GHz, 5GHz
5. 인프라스트럭처, 애드혹
6. 802.11 시리즈
7. 13, 5MHz
8. IEEE 802.11ax

 2 용어 정리

Lesson 38~41에서 배운 핵심 용어를 정리합니다.

- **무선 랜(Wireless Local Area Network)**: 무선 랜은 유선 랜과 달리 케이블 없이 무선으로 통신하는 네트워크입니다.

- **무선 액세스 포인트(Wireless Access Point)**: 무선 액세스 포인트는 무선 랜을 구성하는 장치 중 하나로, 유선 랜과 무선 랜을 연결해주는 장치입니다.

- **인프라스트럭처(Infrastructure) 방식**: 무선 랜을 사용하여 네트워크에 연결된 모든 장치가 무선 액세스 포인트에 연결되는 방식입니다.

- **애드혹(Ad-hoc) 방식**: 무선 액세스 포인트 없이 장치 간에 직접 통신을 합니다.

- **SSID(Service Set IDentifier, 서비스 세트 식별자)**: 하나의 무선 랜을 다른 무선 랜과 구분해주는 식별자입니다.

- **비콘 메시지(Beacon Message)**: 무선 액세스 포인트가 자신의 존재를 알리는 표지입니다.

찾 아 보 기

한글

ㄱ
가중 라운드 로빈	155
검사합	078
공인 IP	103

ㄴ
네트워크	016

ㄷ
다이내믹 포트	144
단방향 통신	094
대역폭	029
데이터	047
데이터 링크 계층	076
디지털 신호	062

ㄹ
라우터	100, 125
라우팅 테이블	127
라운드 로빈	155
랜	023
랜덤	156
랜 카드	064
로드 밸런서	154, 180
리피터	069
링형	025

ㅁ
멀티캐스트	117
메시지	047
메일 서버	177
무선 랜	212
무선 액세스 포인트	212

물리 계층	062

ㅂ
바이트	031
반이중	094
버스형	025
브로드캐스트	115
브리지	029
비콘	219
비트	031, 047

ㅅ
사설 IP	103
사전 등록된 포트	144
서버	160
서브넷	118
서브넷 마스크	121
서브넷팅	118
서비스 세트 식별자	219
스위치	089
스케일 아웃	154
스타형	024
신호 감쇠	069

ㅇ
아날로그 신호	062
애드혹	216
양방향 통신	094
역캡슐화	053
오류 제어	077, 136
왠	026
요청	162
윈도우 크기	148
유니캐스트	116
응답	162

응용 계층	160
이더넷	080
인프라스트럭처	215
일련번호	145

ㅈ
잘 알려진 포트	144
전기 신호	062
전이중	095
전자기파	213
정지-대기	078, 136

ㅊ
채널	094
충돌	080
충돌 도메인	094

ㅋ
캡슐화	051
케이블	065
코드 비트	150
클라이언트	160
클래스	110
킵얼라이브	165

ㅍ
파싱	162
패리티 검사	077
패킷	047, 145
포트 번호	048, 143
프레임	047
프로토콜	038
플러딩	091
필터링	093

ㅎ

해밍 코드	078
해시	156
허브	024, 070
혼잡 제어	134
확인 응답 번호	145
회선 제어	076
흐름 제어	078

영어

A

ACK	076
Address Resolution Protocol	086
Ad-hoc	216
ARP	086
ARP 응답	087
ARP 테이블	087
arp -a	087

B

bandwidth	029
Beacon	219
bit	031
Bridge	029
Broadcast	115
bus	025
byte	031

C

cable	065
Channel	094
Client	160
collision	080

C (continued)

Collision Domain	094
Congestion Control	134
CRC	078
CSMA/CD	080

D

Decapsulation	053
DELETE	164
DHCP	171
DNS	144, 168
Domain Name System	168
Duplex Transmission	094
Dynamic Host Configuration Protocol	174
dynamic port	144

E

electromagnetic wave	213
Encapsulation	051
ENQ	076
EOT	076
Ethernet	080

F

Filtering	093
Flooding	091
FTP	144
FTP 케이블	067
Full Duplex	095

G

| GET | 163 |

H

| Half Duplex | 094 |
| Hamming code | 078 |

H (continued)

Hash	156
HTTP	144, 162
HTTPS	144
Hub	024, 070

I

IANA	111
IEEE	217
IMAP	179
Infrastructure	215
Internet Access Message Protocol	179
Internet Protocol	102
IP	102
IP 주소	048
ipconfig	103
ipconfig /all	049
IPSec VPN	057
IPv4	086
IPv6	086
ISO	039

K

| Keepalive | 165 |
| KISA | 111 |

L

| LAN | 023 |
| Load Balancer | 154 |

M

MAC 주소	049, 085
MAC 테이블	091
Media Access Control	085
Multicast	117

N

netstat -nr 128
Network 016
nonpersistent 082
NTP 144

O

OSI 7 계층 043
OUI 085

P

parity check 077
parsing 162
PATCH 164
POP3 176
port 048
POST 163
p-persistent 083
Private IP 103
protocol 038
Public IP 103
PUT 163

R

Random 156
registered port 144
Repeater 069
request 162
response 162
ring 025
Round Robin 155
route print 128
Router 100, 125
Routing Table 127

S

Scale Out 154
Server 160
Simplex Transmission 094
SMTP 144, 176
SSH 144
SSID 219
SSL VPN 057
Stop & Wait 078, 136
STP 케이블 067
subnet 118
subneting 118
Subnet Mask 121

T

TCP/IP 4 계층 045
Telnet 144

U

UDP 152
Unicast 116
URI 180
UTP 케이블 066

V

VPN 055

W

WAN 026
Weighted Round Robin 155
well-known port 144
Window Size 148
Wireless Access Point 212
Wireless Local Area Network
212

번호

1-persistent 082
3방향 핸드셰이크 140
3 Way Handshake 140